经济日报记者丛书

市 场 监 管

佘 颖◎著

经济日报出版社

图书在版编目（CIP）数据

市场监管／佘颖著．-- 北京：经济日报出版社，2023.6

ISBN 978-7-5196-1327-3

Ⅰ．①市… Ⅱ．①佘… Ⅲ．①市场监管-中国-文集 Ⅳ．①F203.9-53

中国版本图书馆 CIP 数据核字（2023）第 102191 号

市场监管

作　　者	佘　颖
责任编辑	陈礼滟
责任校对	李艳语
出版发行	经济日报出版社
地　　址	北京市西城区白纸坊东街 2 号 A 座综合楼 710（邮政编码：100054）
电　　话	010-63567684（总编室） 010-63584556（财经编辑部） 010-63567687（企业与企业家史编辑部） 010-63567683（经济与管理学术编辑部） 010-63538621　63567692（发行部）
网　　址	www.edpbook.com.cn
E-mail	edpbook@126.com
经　　销	全国新华书店
印　　刷	北京九州迅驰传媒文化有限公司
开　　本	710 毫米×1000 毫米　1/16
印　　张	17
字　　数	195 千字
版　　次	2023 年 6 第 1 版
印　　次	2023 年 6 月第 1 次印刷
书　　号	ISBN 978-7-5196-1327-3
定　　价	58.00 元

做党和人民信赖的合格新闻工作者

“做党的政策主张的传播者、时代风云的记录者、社会进步的推动者、公平正义的守望者。”这是习近平总书记在党的新闻舆论工作座谈会上，对广大新闻舆论工作者提出的明确要求和殷切期望。

经济日报创刊40年来，在风云激荡中引领思想，在众声喧哗中回应民意，忠实记录了中国改革开放以来波澜壮阔的光辉历程，见证了经济跨越、社会进步和国家富强，谱写出无愧于时代的华彩篇章。

与时代同步、与人民同行。40年来，经济日报涌现出一大批优秀的党的新闻工作者，他们不忘初心、牢记使命，坚持正确的政治方向、舆论导向、新闻志向和工作取向，在弘扬传统中持续深化改革创新，在改进报道中不断讲好中国故事。

人才是事业发展的根本保证，提升新闻传播力、引导力、影响力、公信力，离不开一支高素质的新闻人才队伍。多年来，经济日报社高度重视人才队伍建设，不断创新人才培养方式方法，持之以恒地为记者成长成才提供平台、创造空间。

近两年，我们为12名青年记者同时开设个人言论专栏，是一次成功的探索和尝试，这在中央党报乃至整个中国新闻界都是不多见的。我们遴选的这批记者拥有多年跑口经验，既具备研究素养，又有大众化传播才华，陆续开设《每周经济观察》《国际经济观察》《忠阳车评》《三农瞭望》《粮食大事》《市场监管》《香江观察》《财金视野》《科创之声》《房地产周评》《能源广角》《文体市场面面观》等12个固定评论专栏。这些专栏具有个人风格和专业特色，其针对社会现象和舆论热点的立场表达，是对编辑部文章、社论、评论员文章等重要评论的补充和延伸，满足了不同类型读者的阅读需求，对于放大主流观点、凸显经济特色起到了独特作用。

目前，经济日报已构建起由编辑部文章、评论员文章、一版“金观平”文章、12名青年记者个人专栏、时评版以及“头条热评”等组成的评论传播矩阵，“评论立报”的格局初步形成，并与“调研兴报”“理论强报”“开门办报”一起，成为推动经济日报高质量发展的工作重点。

媒体融合发展时代，在新闻越来越难以实现“独家”的前提下，立论就是立报之本，要以权威观点、独到视角和理性分析获得优势、占据主导。实践证明，无论媒体生态如何变化，无论传播方式如何迭代，一篇有思想、有温度又兼具良好阅读体验的评论文章，一个集“颜值”“言值”和“研值”于一体的评论专栏，其本身就是闪光、有力且自带流量的。

一批评论专栏能赢得受众、成为品牌，是与专栏记者的努力分不开的，是与同志们悉心培养、全力推动分不开的。

在我看来，尊重才华，尊重个性，给年轻同志开专栏，既是提高报纸质量的重要方式和有力举措，也是培养优秀新闻人才队伍的重要方法和有效途径。报社成就着记者，记者也在成就着报社，二者是共生共荣、一同成长的发展共同体。

总体看，12个个人专栏评论时效性强、热点抓得准，兼具了高度、深度和广度等特点，但也要看到，因为多种因素制约，这些专栏文章还存在不足。差距是潜力也是动力，青年记者要继续在实践中增强“四力”，既要掌握好信息的第一发布权，也要掌握好第一解释权，守好新闻舆论阵地，引导好社会预期。

以笔为犁千秋业，只在承前启后中。习近平总书记指出，“我们这一代人，继承了前人的事业，进行着今天的奋斗，更要开辟明天的道路”。在新时代新征程上，唯有踔厉奋发、笃行不息，方能成为一名党和人民信赖的合格新闻工作者。

（作者系经济日报社社长兼总编辑）

目　录

Contents

市场监管

市场监管

请勿随便抢“丁真”

近日，四川康巴小伙丁真的视频一时间传遍全网，连外交部发言人华春莹都连发三推，向全世界介绍丁真。携程数据显示，截至12月4日，丁真带动“理塘”“甘孜”搜索增幅分别高达1400%和760%。

当下，流量就是金钱、注意力就是财富。按照“惯例”，网络热词很快就会被有心人注册成商标。比如，前些年的“蓝瘦香菇”“好嗨哟”等。果然，从11月14日开始，国家商标局系统中先后出现了数十条“丁真”相关商标申请，有的来自企业，有的来自个人，涉及项目包括美容面膜、洗发液、化妆品等。目前，大多数申请还在等待受理中。

理论上讲，“丁真”并非专用词汇，允许用于商标注册。目前，我国已有多件“丁真”注册商标，分布于茶、调味品、腌制品、五金等类别。新申请的商标与已有商标如果属于不同类别，不构成近似、相同商标，可以注册。

但是，根据商标法，申请商标注册不得损害他人现有的在先权利。北京市高级人民法院发布的审理指南中进一步指出，相关公众容易认为标有某商标的商品与该自然人存在许可等特定联系的，就可认定为侵犯了姓名权。因此，“丁真”作为在先的姓名权，由丁真本人享有，其他人不能随便抢注。

目前，已存在的“丁真”商标注册时间均早于2020年4月份，显然与这个才火了几天的丁真无关。此后新申请的“丁真”商标，除非得到丁真本人许可，否则就应该证明自己不是“明知故犯”，有正当理由。

其实，丁真刚刚走红，就已经被各地文旅局“抢”过一轮了。各地旅游局“抢”丁真，是为了借势营销区域旅游，主要意图是善意地表达欢迎与祝福、介绍当地美景与风俗。他们卖萌又搞笑地“抢”人，得到了网友的热情互动，掀起了旅游营销高潮。

与之相反，抢注“丁真”商标的“第三人”可以分为两类。一是为了蹭流量、走捷径，这种行为不应当鼓励，如果有违反商标法规定的其他情况，应当予以驳回；二是恶意抢注、恶意囤积商标的商标猎人，属于重点打击对象。抢“丁真”不是他们第一次出手，也不会是最后一次。

截至2020年10月底，我国有效注册商标量已达2918.2万件，连续多年居世界首位。然而，在飙升的商标数量背后，长期存在傍名牌、恶意抢注囤积乱象，令企业倍感头疼。为了防御，阿里巴巴注册了“阿里爸爸”“阿里爷爷”“阿里奶奶”一家子；小米注册了“黑米”“玉米”“爆米花”；还有前段时间“今日油条”对“今日头条”近乎一比一的商标模仿，逼得“今日头条”到法院提起诉讼……看似搞笑段子的背后，有关企业却付出了极高的经济成本和时间成本。

我国不仅是商标大国，还应该是品牌强国。那些蹭流量、傍名牌的企业应该明白，商标与产品是相辅相成的关系。从根本上说，起决定作用的是产品和服务本身，并非吸引眼球的商标。“蓝瘦香菇”再红，产品力不够，抢注了商标也带不动销售。相反，商品品质、服务过硬，哪怕是无中生有，也有可能打造出高价值的商标。

（刊发于2020年12月9日时评版）

不应随意惩罚消费者

最近，湖北有一批进口猪肉在复查中被检测出新冠病毒阳性。类似情况近期多地均出现过，本不该成为热搜新闻。不过，湖北黄冈市黄州区有24户居民却因网购了同批次冷冻肉，被当地有关部门通报批评。除了要自费承担核酸检测费用并落实居家隔离措施，黄州公安分局还对每人罚款200元。

此事受到关注后，当地很快取消了行政处罚、免除了核酸检测费用并道歉，但还是引发了舆论热议。

在食品安全问题上，这暴露出我国冷链食品安全监管存在漏洞。按照目前的监管政策，进口冷链食品须持有核酸检测报告才能进入市场流通。然而，近期多地发现核酸检测合格的进口冷链食品流入市场后，同批次产品又被检测出新冠病毒呈阳性，只得紧急追查、寻找消费者。本次这24名黄州消费者购买的冷冻猪肉就属于这种类型。

发现病毒可经由进口冷链食品传播后，我国迅速建立起追溯体系。据市场监管总局透露，近期上线的进口食品追溯体系已接入9个省（市），冷链食品首站进口量占全国90%以上，基本实现从海关入关到生产加工、批发零售、餐饮服务的全链条信息化追溯。

出现异常情况时能够“一键排查、迅速定位”很有必要，但总是发现异常再启动紧急追查，隐患太大，成本也高。除了要封存处置追查到的涉事产品，还要对涉及该批次产品存储、销售的场所和运输车辆做核酸检测、全面消毒；冷库也要全部封停并全面消毒；该批次食品的直接及一般接触人员都要接受集中隔离、医学观察和核酸检测等。

相比之下，在入关环节提高抽检样本比例增加的成本有限，操作更加简便，且能减少病毒传播风险。因此，为了避免类似问题发生，监管部门应在冷链食品进口环节承担起守门员的责任，增加抽检样本数量，强化常态监管和应急处置，严格进口冷链食品从口岸到境内生产、流通、销售全程防控，绝不能让问题食品进入市场。

同时，进口食品的销售方，无论是超市、餐馆、菜市场，还是电商平台、社区团购，都要对供应商严格甄别，严查进货凭证，没有检验检疫证明、没有核酸检测报告、没有消毒证明、没有追溯信息的，不得上市销售。有条件的生产经营者，还应对进口冷链食品实行专用通道进货、专区存放、专区售卖，最好能增加入库检测，最大限度阻击疫情风险的传播。

需要强调的是，种种防范措施都是为了堵住食品安全的漏洞。漏洞没有堵住，让问题食品流入了市场，是监管掉了链子、经营者出了问题，板子绝不能打在消费者身上。消费者有权利通过正规渠道购买进口冷链食品，这是正常的消费行为。对消费者，应当鼓励其做好个人防护、不购买来源不明的进口冷链食品；关注政府部门发布的进口冷链食品检疫信息和有关防控信息，增强自我防范意识。

还有一点须注意。黄州区此前的处罚依据的是当地疫情防控指挥部通告中“全区范围内全面禁止采购、储存和销售进口冷冻肉品和海鲜产品”的规定。对消费者撤销处罚后，当地依然要求居民

“不要私自网购冷冻冷链食品，杜绝采购进口冷链食品”。可是，从全国来看，我国并没有禁止进口、销售、购买进口冷冻食品。海关数据显示，今年1月份至10月份我国累计进口猪肉362万吨，同比上涨126.2%。如果“一刀切”地禁止进口、销售、购买进口冷冻食品，仅靠国产肉可能难以满足居民需求，容易引发肉品价格上涨，居民的消费需求无法保障。

对于进口冷链食品，各方责任须厘清，监管漏洞要堵上。抓好疫情防控常态化工作，提高警惕、加强监管是必要的，但在通过监管和技术手段可有效防止病毒扩散的情况下，各地制定防控措施时需合情合理、于法有据，不应牺牲消费者的选择权，影响居民生活。

（刊发于2020年12月16日时评版）

浦东“饭小二”的启示

最近，第三届市场监管领域社会共治大会发布了今年的典型社会共治案例。其中，上海市浦东新区市场监督管理局的“饭小二”联盟等45个案例被推荐为社会共治典型案例。

“饭小二”联盟出现在新冠疫情防控压力最大、复工复产亟须保障的3月份。当时，浦东新区大量企业已逐步复工，一方面，原本的食堂尚未营业、周边餐馆开业很少，让每个员工自己点外卖成本太高，员工就餐成为一大问题；另一方面，受到疫情冲击的餐饮企业无法开展堂食，但短时间转型外卖难度较大，且无法支撑餐厅经营。针对这一矛盾，浦东新区市场监督管理局指导成立“饭小二”联盟，牵线数十家餐饮企业，每天为楼宇白领提供约上万份工作餐，餐饮单位营收普遍增加，白领用餐难的问题得到缓解。

从“饭小二”的有关实践，我们至少可以得到三点启示：

第一，监管部门要主动上前一步，从坐在办公室接受消费者举报、等企业上门办事，变成走出去发现问题、送上门提供服务。尤其是数字经济时代，一个企业往往涉及多个监管部门，传统的条线式监管方式无法适应。监管应当由原来“人海战术”升级到“人工智能”，通过构建智慧监管系统，提前防范问题发酵，实现对数字经济的主动监管。

第二，上前一步不是把手伸长，市场的问题还是主要依靠市场解决，监管部门监管和服务前移的重心应落在制定标准、维持市场秩序上。比如，“品字标”并非强制标准，但企业看到消费者信任“品字标”，就会愿意对标标准主动升级。又如，浦东市场监管局在启动“饭小二”联盟时不是硬性要求餐厅复工复产，而是对接信息，同时严把供餐单位资质，并指派专门的监管干部加大巡查频次，及时发现食品安全问题，指导企业合理定价，这才取得了较好效果。

第三，企业作为市场主体应积极承担主体责任，规范经营。与监管部门、行业协会开展合作不是自缚手脚。共同净化行业环境、提升行业产品、服务质量，反而有助于行业的健康发展，也有利于自己成长为行业龙头。

简政放权和加强事中事后监管，是近年来优化“放管服”改革中的一体两面。政府部门要真正赋予市场以主体地位，加快转变政府职能，最大限度减少政府对市场资源的直接配置，最大限度减少政府对市场活动的直接干预。作为市场秩序维护者，政府部门应该把工作重心放在定规则、定标准、监督落实上，法定职责必须为，法无授权不可为。

作为经济活动重要参与者，市场主体在维护市场秩序、参与社会共治中肩负着重要作用，是直接的受益者。市场主体应当意识到，政府部门监管风险防控与企业自身经营风险防范的目标是一致的，都是为了健康发展。只有坚持守法底线，在平台治理、信息披露、公平竞争、消费者权益保护、知识产权保护等方面力行社会责任，合规经营，才能够为自己创造良好的发展环境。唯有企业自治、行业自律、社会监督、政府监管相结合，市场之手与政府之手才能够共同弹奏出经济发展的协奏曲。

（刊发于 2020 年 12 月 23 日时评版）

反垄断执法始终利剑高悬

最近一段时间，互联网领域的反垄断备受关注，但如果据此揣测反垄断只是针对某个行业，那就以偏概全了。最近，市场监管总局发布的《中国反垄断执法年度报告（2019）》显示，2019 年市场监管部门共立案调查垄断案件 103 件，涉及建材领域、公用事业领域、原料药行业、通信行业等多个领域行业。在查处的违法实施经营者集中案件中，既有内资企业，也有外资企业；既有国有企业，也有民营企业。在办结的滥用行政权力排除、限制竞争案件中，涉案主体既包括省级人民政府所属部门，也包括市级人民政府、市级人民政府所属部门和管理公共事务职能的组织。

这充分说明，反垄断法适用于所有主体，不论内资企业还是外资企业、国有企业还是民营企业、互联网企业还是传统企业，甚至无论是企业还是政府事业单位，在反垄断法面前一律平等对待。

我国反垄断法实施 12 年来，已经逐步在多个领域行业开展反垄断执法。执法部门曾查处五粮液公司限定最低转售价格案、高通公司滥用市场支配地位案、利乐公司滥用市场支配地位案等重大典型案件。2019 年是我国反垄断执法机构改革后的开局之年，查处了长安福特实施纵向垄断协议案、丰田汽车（中国）投资有限公司垄断案、菏泽汽车行业协会联合抵制交易案等一批案件。反垄断执法始终利剑高悬，有力维护了公平竞争的市场秩序。

与此前被查的传统行业和企业相比，互联网平台企业在经济社会发展中起到十分重要的作用，受关注度也高。同时，互联网产业自身强大的规模效应、网络效应，在竞争时天生带有排他性，尤其是互联网平台可以突破经营地域限制、时间限制、消费环境限制，很容易形成“一家独大，赢家通吃”的商业模式，使得互联网行业的反垄断成了新课题。

作为世界公认的数字经济发展较为领先的国家之一，我国对互联网行业一直采取包容审慎的监管原则，目的是维护竞争、鼓励创新。但是，包容审慎并不是放任互联网行业的不正当竞争和限制竞争，而是要逐步完善法律法规，给市场画出反垄断红线，让企业经营有法可依。

过去由于法律法规不完善，互联网领域的反垄断进展缓慢，让一些企业和公众产生了法不责“大”、法不责“新”的错觉。今年以来，市场监管总局细化相关反垄断法律制度，对互联网等新经济业态法律适用问题有针对性地作出规定。从全球来看，经历了长期的观望和法规完善，越来越多的国家和主要经济体反垄断执法机构也纷纷在今年对互联网加强监管，开出巨额罚单，发布监管新规。这进一步表明，互联网行业不是法外之地，包括中国在内的世界各国并非针对互联网领域特别执法，而是反垄断执法已进入线上、线下一视同仁的阶段。

还有一点需要指出，反垄断案件保密要求高、调查过程复杂，之前查处的案件都是在结案之后才对外公布，公众了解不够。近几年，执法部门意识到了以案释法的重要性，不仅会公开行政处罚决定书全文，还将办案节点及时向社会通报。最近市场监管总局还透露，除了互联网领域的反垄断，正在着力推进三星公司涉嫌滥用市场支配地位案、杜邦公司垄断案的调查工作，并对爱立信公司滥用市场支配地位行为立案调查。这是反垄断工作与时俱进的表现，既能为经营者提供明确法律指引，又能提高社会各界对反垄断工作的认识。

一枝独秀不是春，百花齐放春满园。公平竞争是市场经济持续健康发展的重要前提。强化反垄断监管是构建新发展格局、构建高水平社会主义市场经济体制、全面推进改革开放的必然要求，也是推动高质量发展的内在需要。对反垄断工作，相关企业需要高度重视，抓紧做好合规工作才是正途。

（刊发于 2020 年 12 月 30 日时评版）

垄断企业起诉执法部门是“硬杠”吗?

接到反垄断执法部门的行政处罚决定书，大部分企业都会表态认真整改。可最近就有一家企业不服市场监管总局的反垄断处罚决定，到法院起诉，要求“依法判决撤销行政处罚决定”。近日，北京市第一中级人民法院公开审理了潍坊普云惠医药有限公司起诉国家市场监督管理总局案。

比起用“吃瓜”心态看热闹，更应该把此案当作一堂生动的反垄断案例普法课，一堂真实严谨的依法行政公开课。我国《反垄断法》规定，市场主体对反垄断执法机构作出的决定不服的，可以依法申请行政复议或者提起行政诉讼。市场监管总局以被告身份出庭应诉，请求驳回原告诉讼请求，也是履行法律义务。

2020 年 4 月，潍坊普云惠医药有限公司等 3 家葡萄糖酸钙原料药经销企业因为滥用支配地位，实施了以不公平的高价销售商品、附加不合理交易条件的垄断行为，被市场监管总局依法处罚，其中对普云惠公司合计罚款 5435 万元。调查期间，普云惠还因拒绝取证、当众撕毁证据材料等拒绝、阻碍反垄断调查违法行为，被市场监管总局处以罚款 100 万元。

从行政处罚决定书公布的内容来看，案件违法事实清楚、证据确凿，案子也办得很扎实：该案调查历时 6 个多月，市场监管总局对10省（区、市）的30多家上下游企业开展调查取证，形成了完整证据链条；还应企业申诉，组织了听证会，所以2019年12月做出的初步处罚决定，一直到2020年4月才正式执行。

在此背景下，普云惠公司还到法院起诉执法机构，要求判决撤销行政处罚决定，确实令人意外。但意外不代表不合法。不管是执法机构开展反垄断执法，还是双方法庭交锋，一切都在法制框架内进行。

庭审时，没有官民之分，只有原告被告，双方在法官主持下平等地摆事实、讲证据。争议的焦点在于证据是否真实、收集程序是否合法，是否滥用支配地位以及处罚是否适中等。为此，市场监管总局准备了大量的证据材料。对作出处罚的事实依据、职权依据、法律依据，法院反复追问，执法机构一一作答，每一项都能在《反垄断法》等法律法规中找到对应的具体条款，连时间都能精确追溯到某年某月某日。

从开罚单到打官司的整个过程可以看出，有法可依、有法必依、执法必严不是一句口号，而是依法行政的必然要求。不管是《中华人民共和国反垄断法》《合同法》还是《消费者权益保护法》，只有全社会都知法、懂法，才能更好地守法、用法。有法可依，需要让市场主体和执法机关都以法律做参照系；执法必严，不仅指严格执法，也指严谨执法。这两句话不仅是对执法对象的震慑，也是对执法机构的要求。

（刊发于2021年1月6日时评版）

喂别人的红牛，不如养自己的战马

中国红牛输了——近日，最高法做出终审判决，确认“红牛系列商标”归属泰国天丝医药保健有限公司，中国红牛不享有商标所有者的合法权益。几乎在同时，北京市高级人民法院终审驳回了泰方申请对中国红牛合资公司进行清算一案的诉请，中国红牛免于被强制清算。此前，中国红牛还就泰方持有的金罐红牛商标向国家知识产权局提出无效宣告请求，不过被驳回了。

别看两家企业现在撕得不可开交，20 多年前，他们可是亲密无间的战友。1995 年，中国的华彬集团为了将红牛引入中国，与天丝集团合资成立了红牛维他命饮料有限公司，也就是中国红牛，而天丝集团则与合资公司签订了多份商标许可使用合同，授权合资公司使用“红牛”商标。

双方的关系有多好呢？好到在长达 20 年的合作过程中，双方居然没有就中国红牛商标归属问题有个明确的协定。只凭着一纸模糊的合作协议，1996 年至 2016 年，华彬集团就敢投下巨额广告和运营，推广“困了累了喝红牛”。这可是名副其实的“现金牛”——红牛在中国功能型饮料的市场份额一度高达 60% 以上，年销售额超过 200 亿元。

然而，隐患终于爆发。合资公司的商标使用许可合同于 2016 年

10 月到期后，天丝集团决定不再授权合资公司使用红牛商标；2018 年，合资公司工商登记到期，泰方提起强制清算，为此双方打起了官司。

站在维护市场公平有序竞争的角度，北京市高级人民法院的判决、国家知识产权局的裁定和最高法的终审判决说明无论内资外资，中国对知识产权的保护一视同仁，都是建立在尊重法律、尊重证据基础上的。

但客观上，判决让中国红牛陷入了法律与情理的困境——如果继续使用红牛系列商标生产、销售红牛产品，就会侵犯天丝集团对红牛系列商标的专用权，涉嫌违反商标法和反不正当竞争法；但就这么放弃自己投入几十亿元培育的品牌，感情上又实在接受不了。

更要命的是，虽然 2016 年底中国红牛就推出了红罐“战马”，但时至今日，红牛依然是其最大的收入来源。这就不是感情上接不接受的问题了，而是命根子要没了。难怪中国红牛在终审判决之后，依然表示将通过一切可能的法律救济途径维护自身合法权益，还透露已就 1995 年的合资合同进行国际仲裁，认为合作期限应延期为 50 年。

目前业内并不看好中国红牛能翻盘最高法的终审判决，中国红牛大概率要为欠缺商标意识交学费了。这起纠纷再次提醒全国上亿市场主体，应切实注重知识产权的保护与应用。加多宝与王老吉直到 2020 年 6 月仍在为“怕上火就喝加多宝”打官司，国家知识产权局还曾发现有些初具规模的科技创业公司竟然没有申请过知识产权，专利、商标处于“裸奔”状态。商标法实施快 40 年了，中国企业应当赶紧补知识产权这一课。

在此还想给中国红牛提个建议：只有掌握在自己手里的东西，

才能成为核心竞争力。泰国的红牛商标虽然响亮，但哪怕再用30年，也还是别人的。与商标相比，中国红牛20多年积累的生产能力与渠道关系才是真本事。这些遍及中国大江南北的渠道能卖红牛，也能卖中国“战马”。

今天的年轻消费者对国货品牌抱有极大的热情和信任，花西子、完美日记、元气森林，不都是三五年就成长起来的国货新品牌吗?以华彬的营销能力和渠道能力，快速铺货配合营销造势，一定有消费者愿意尝试中国“战马”。后起之秀如东鹏特饮、乐虎尚且能从红牛手里分一杯羹，华彬集团专心养自己的“战马”，不愁长不大。

（刊发于2021年1月13日时评版）

培训机构乱收费凸显专项整治仍需发力

本周，各地很多学校陆续放寒假，校外培训机构又借着让孩子“寒假超车”开展促销。其中，某少儿英语售卖的课时包大到令人吃惊：420节次卡，价格14199元。即使按照每个月必须上满15节课、不满直接扣课的强制规定，也要上28个月。

只宣传买得越多越便宜，却只字不提大课时包严重违规——2018年国务院办公厅发文，要求校外培训机构的收费时段与教学安排应协调一致，不得一次性收取时间跨度超过3个月的费用。教育部等6部门出台的《关于规范校外线上培训的实施意见》也规定，按课时收费的，每科不得一次性收取超过60课时的费用；按培训周期收费的，不得一次性收取时间跨度超过3个月的费用。政策留出的整改截止日期是2020年6月底，但直到2020年12月，这家培训机构还在促销1111节次课时包的超大套餐，远超国家规定。

收费之乱，还乱在贷款风险。据消费者反映，该机构与某些金融机构合作，由消费者与金融机构签订贷款合同，金融机构将学费一次性支付给培训机构，而消费者则分6期或12期还款。这个模式与此前“爆雷”的某些长租公寓租金贷如出一辙，风险极大——一旦培训机构资金短缺，倒闭或者跑路，消费者就会面临上不了课还要还贷的两难境地。

近年来，教育培训机构一直是预付消费投诉的热点。虽然在线培训机构正在风口上，但竞争依然日益激烈。某些租金贷的前车之鉴，培训机构与互联网金融企业应该引以为戒。

2018 年至今，多部门一直在针对校外培训机构开展专项整治，但从现在的收费乱象来看，整治尚未到结束之时。教育部门和市场监管部门应畅通投诉举报渠道，将“两头分管”变成“齐抓共管”。

除了专项整治，校外培训还需用“行业自律 + 社会监督”的模式，尽快形成口碑效应，加速优胜劣汰。国家设定“3 个月、60 个课时包”的红线，就是倒逼校外培训机构立足课程质量，以品质和服务换续课，形成家长认可、机构做大的良性循环。短期内，售卖小课时包可能对平台资金流有一定影响，但从实践看，只要课程质量高，家长不会轻易更换培训机构。而且，因为单次缴费低、退费有保障，家长的顾虑反而减小，对机构的认可度也会显著提升。最近，深圳市消委会、福田区消委会联合部分早教机构公布了《深圳市早期教育行业自律公约》，在退费、冷静期等方面做出有利于消费者的承诺。各地消协组织、行业协会也应主动承担责任，起到积极正面的引导作用。

（刊发于 2021 年 1 月 20 日时评版）

以法律之盾保护个人信息

经常上网的消费者大都有类似疑惑：自己只是跟朋友聊天提起了某样东西，怎么就在一些 APP 里刷到了相关广告推送？或者自己在某个购物网站搜索过的商品，为何短时间内就会频繁出现在有关 APP 里？甚至有消费者怀疑有关 APP 推送的广告是窃听了聊天信息。

是算法还是窃听？是大数据、人工智能还是侵犯消费者知情权、选择权？这个锅，输入法一家恐怕背不动。因为还有一种叫作“程序化广告”的新物种藏在 APP 里。

APP“程序化广告”的投放过程很复杂，大概相当于一名消费者进到一家杂货铺，老板立刻通知供货商们“某某某来了”，供货商一对手里的花名册，发现这名消费者曾经在供货商处出现过或者搜索过某商品，是潜在客户，他就会告诉杂货铺老板，“我出 1 元钱，你把这条广告给某某某看一下”。

很多时候，消费者之所以怀疑被监听，正是因为看到了针对自己精准投放的程序化广告。同时，精准投放也让“程序化广告”的转化效率大幅提升。目前，“程序化广告”已成为互联网广告平台最大的收入来源之一。

然而，平台回避了一个关键问题——消费者并没有同意杂货铺老板把自己的行踪告诉供货商，也没有允许供货商追到杂货铺找自己。

2015年修订的广告法规定，任何单位或个人未经当事人同意或者请求，不得以电子信息方式向其发送广告；2016年出台的《互联网广告管理暂行办法》提到了“程序化广告”购买，但并未明确应如何推送，因为彼时消费者最头疼的还是垃圾短信、垃圾邮件、搜索广告，“程序化广告”尚未成为主流。“程序化广告”应遵守哪些规则，在现行法律法规里找不到说法。

在有关专家看来，“程序化广告”监管看似广告法缺位，实则是数据安全隐患。利用消费者个人信息推送广告，可能涉嫌滥用消费者隐私信息。

为了规避责任，各个APP在隐私条款里对如何收集、使用消费者信息均设有格式化条款，且大都偏向APP自身利益，消费者往往只能被动同意。消费者在平台企业面前处于弱势，更需要法律的倾向性保护。消费者是数据信息的创造者，使用消费者信息至少应确保消费者的知情权与选择权。

遗憾的是，目前大多数平台对消费者选择权、知情权并未给予应有的尊重。在一些APP里，“程序化广告”推送均为默认打开，并未事先征求消费者同意。微信中不是“程序化广告”，而是个性化广告，但关闭键隐藏极深，中间没有任何提示。而且，关闭“程序化广告”推送6个月后自动失效，消费者需要再次关闭。

商业模式应当向善，而不是踩在消费者容忍的底线和法律的模糊地带上。在法律法规不完善的时候，消费者虽无可奈何，但大平台不能肆无忌惮。互联网平台发展至今，掌握了海量数据，创造了巨额财富。数字技术在促进经济发展的同时，也催生了很多法律问题，如数据权属、数据安全、隐私保护、数据鸿沟，等等。我国应尽快出台个人信息保护法、数据安全法，为公民个人信息撑开更有力的法律保护之盾。

（刊发于 2021 年 1 月 27 日时评版）

“车厘子安心”有待监管护航

现在可能是消费者离“车厘子自由”最近的时候——近期市场上车厘子价格大幅下降，比往年便宜了一半还多。价格跳水背后，一方面是因为今年国外车厘子产量大增；另一方面是因为此前有车厘子外包装被检测出核酸阳性，很多人出于安全考虑放弃了购买。

对于车厘子是否安全，专家们早就给出了答案。比如，国务院联防联控机制新闻发布会指出，食品检出核酸阳性，不代表具有传染性；中国疾控中心流行病学首席专家吴尊友称，只要注意手部卫生，吃水果前用流水清洗，应该不会有感染风险。

进口车厘子运抵中国后，均要接受海关严格的检验检疫，其中就包括核酸检测及消毒，并落实电子追溯码相关政策。很多销售企业还设立了更高防疫标准，对包括车厘子在内的所有进口商品进行二次消杀。

车厘子安全其实并不成问题，消费者不敢安心购买才是真问题。不管是专家、行业协会还是企业的解释，现实中都没能“服众”。就算商家贴出车厘子的检验检疫证明、消毒证明及仓库现场防疫实拍，消费者依然半信半疑。

眼下正值春节前夕，线上线下的年货节办得风风火火。然而，国际疫情导致部分消费者对往年热销的车厘子、三文鱼、帝王蟹等进口冷链商品心存疑虑，供应链上的企业面临经营风险。安心问题已成为促进消费路上的拦路虎。此时，相关部门应该有所作为，不妨用一次全国范围的专项抽查，给消费者一个明明白白的回答。

从部门职责来说，我国由市场监管总局负责组织开展食品安全监督抽检、风险监测、核查处置和风险预警、风险交流工作。从可行性上来说，每周市场监管总局都会组织开展食品安全监督抽检并通过官网公布结果，这是关于食品安全最权威的发声渠道，是消费者最信赖的信息来源。2020 年，全国市场监管部门共完成食品抽检监测 690 万批次，开展某种食品的专项抽查没有技术障碍。据商家反映，近期卫生防疫部门和市场监管部门一直高度关注进口食品，经常到企业进行检验检疫、日常抽查，只是这些信息没有汇总公布而已。

在过去的实践中，对食品以事中、事后监管为主，往往是出现大问题后才开展声势浩大的专项整治。对日常抽查，通报重在点名批评，媒体报道集中在又检出了什么不合格食品。震慑效果虽佳，但消费者依然缺乏食品安全方面的及时、完整信息。

食品安全无小事，及时发现问题、加强监管很有必要。深化“放管服”改革推进到今天，行政部门的服务意识也应加强——当消费者高度关注又缺乏信息时，食品安全抽查作为监管手段，不仅能发现问题，也可以答疑解惑。就拿车厘子来说，质量究竟如何、安全有没有保障，监管部门的抽查结果最有说服力。

当然，非常时期开展敏感商品的专项抽查会有压力，也很考验监管部门依法行政、协同监管的能力，但创造安心消费的环境、为市场主体及时纾困，监管部门应该敢于担当，积极有为。

今年正式施行的《优化营商环境条例》明确提出，国家持续深化简政放权、放管结合、优化服务改革，更大激发市场活力和社会创造力，增强发展动力。近日，中办、国办印发了《建设高标准市场体系行动方案》，同样强调要更好发挥政府作用，牢牢把握扩大内需这个战略基点，推进市场提质增效。其中，还专门提到建立健全行业监管部门与综合监管部门协调配合机制，推进部门联合“双随机、一公开”监管常态化。回应市场期盼、顺势深化改革，让消费者对车厘子安心，监管部门应当主动作为，早日实现从被动监管向主动监管转变、由事后治理向事前防范转变。

（刊发于2021年2月3日时评版）

数字经济已到明晰规则关键时刻

最近互联网行业相继爆出了几个大新闻。先是中国音像著作权集体管理协会官方发布公告，称快手平台有不少于1.55亿个视频涉嫌侵权，且拒绝沟通。紧接着，抖音向北京知识产权法院提交诉状，主张腾讯通过微信和QQ限制用户分享来自抖音的内容，涉嫌垄断。腾讯则回应称，相关指控纯属失实，系恶意诬陷。几乎同时，网易云音乐两次发文，指责酷狗全面“山寨”自己的“一起听”功能及界面设计。

这几个“大瓜”，有的是野蛮生长之后的知识产权问题，有的是平台主导的信息收集与数据使用问题，看似各不相干，但背后却指向了同一个症结——我国数字经济经过十几年的飞速发展，已经到了亟须明晰规则的关键时刻。

再说几个并非巧合的新闻。近日，有消息称工信部正在起草《移动互联网应用程序个人信息保护管理暂行规定》，明确“知情同意”和“最小必要”两项个人信息保护基本原则。更重磅的是，2月7日，《国务院反垄断委员会关于平台经济领域的反垄断指南》正式发布；2月8日，市场监管总局又对唯品会不正当竞争行为开出300万元罚单。

若干年后回望2021年的2月，人们也许会发现，行业协会、企业和监管部门共同揭开了数字经济发展新阶段的大幕。

数字经济作为驱动经济增长、吸纳就业的新引擎，互联网平台作为数字经济时代重要的基础设施，同样需要树立新的发展理念。过去，互联网平台有明显的自我优待倾向，依靠资本扩张、高筑市场壁垒，限制竞争，牟取发展。现在，平台经营者需要将更多资源用于技术革新、质量改进、服务提升和模式创新。未来，数字经济的高质量发展，必须通过营造竞争有序开放包容的发展环境、有效激发全社会创新创造动力、构筑经济社会发展新优势和新动能来实现，在资本无序扩张，排除、限制竞争，侵害消费者权益等摇晃的地基上，建不起来数字经济的摩天大楼。

数字经济时代的竞争是真正的全球竞争。从全球来看，各国反垄断执法机构高度关注平台经济发展，纷纷采取措施加强对平台经济领域特别是超大型互联网平台企业的反垄断监管。最近苹果更新的 iOS 规则已经明确要求 APP 必须征求用户同意，才能跟踪用户个人信息。此举是苹果在用户数据保护和使用方面建立新规则的初步尝试，得到了消费者的好评。

中国的互联网平台企业如果还继续踩在监管模糊地带、享受监管落差带来的优势，其全球竞争力将大打折扣。新出台的《反垄断指南》在监管原则中，特意增加了“支持平台企业创新发展，增强国际竞争力”的提法，正是有此考虑。

等着看热闹的群众可能会失望，音集协的公告并没有妨碍快手成功上市，并一举成为中国第五大互联网公司；酷狗与网易云音乐的互怼中，最热的一句评论数“大家都是抄”；最受关注的抖音与腾讯案短时间内恐怕很难出结果。然而从长远看，各相关方反垄断意识的觉醒，监管部门、企业、社会对数字经济发展规则的探讨，必将深远影响我国数字经济发展的格局。

中国的互联网经济发展的时间并不长，其所展现出的澎湃动力与蓬勃生机俨然一个冲劲十足的少年郎。这个少年郎长大了，他要一边长本领，一边学规矩，才能和全球优秀同龄人同场竞技。我们既要防止他走歪路，也要给他时间，但归根结底，是希望他健康成长。《反垄断指南》出台后，腾讯、美团、阿里的股票没有像之前征求意见时一般齐齐大跌，而是各自安好，说明市场已经领会相关精神了。

（刊发于 2021 年 2 月 10 日时评版）

以需定价也要合理合法

春节往往是餐饮业的黄金期。2月11日至17日，全国重点零售和餐饮企业实现销售额8210亿元，比去年春节黄金周增长28.7%。电影消费更不得了——春节档票房突破78亿元，比2019年大涨32.47%。

然而，也有些堵心的事情不得不提。

先说餐饮。今年春节，有消费者提前订好了座位，就餐前一天，餐厅通知改为只提供套餐，380元、580元、880元一位，不能点菜；还有消费者自带酒水，餐厅每瓶要收200元开瓶费；强制最低消费也重出江湖，有的餐厅就直接说包间有最低消费，3500元起。消费者能开心吗？

再看电影院。今年大卖的《唐人街探案3》《你好，李焕英》等是2D电影，但票价相当一部分是80多元、100多元，最高达680元一张。很多网友都在吐槽电影票价太贵。

就地过节助推了消费需求，电影院也好、餐厅也好，都有"报复性"赚钱的冲动。吃饭、看电影成了刚需，商家也就顺理成章地涨价了。可是涨价应不应该？合不合法？还得细说。

某影院经理表示电影票价高是因为受到限流50%或75%的影响，供不应求。但各大订票平台数据显示，很多影院开放预订的座位数远超规定，限流不构成涨价的理由。统计显示，春节期间全国影院上座率仅为30%、40%左右，很多场次并非一座难求。

更能说明问题的是，观影人次并未出现与票价一致的暴涨——今年春节档观影人次只比2019年增长21%，落后票房增幅约11个百分点，这说明有一些消费者因为高票价而忍痛放弃观影。

电影票价由市场决定，无可厚非，却不一定是最佳选择。高票价带来了高票房，却在一定程度上影响了消费体验。过高的票价还拉高了观众预期，低星评价里，有观众直言“100多块钱就给我看个这”，反而不利于影片的口碑传播。

电影是大众消费，希望从业者今后能制定更合理的票价策略，并作动态调整，让更多观众走进电影院。电影产业要健康发展，高票房还需高观影人次的支持，而不能依靠高票价。

电影票涨价是市场行为，监管部门不宜过多介入，但餐饮行业的各种强制最低消费、开瓶费可是霸王条款，是法律早已禁止的违法行为，监管部门应当严查。

2014年3月实施的《中华人民共和国消费者权益保护法》规定，经营者不得以格式条款、通知、声明、店堂告示等方式，作出排除或者限制消费者权利、减轻或者免除经营者责任、加重消费者责任等对消费者不公平、不合理的规定。2014年，最高法在给媒体的回复中指出，“禁止自带酒水”“包间设置最低消费”均属于餐饮经营者利用其优势地位，作出的加重消费者责任的不公平、不合理的规定，违反了相关法律法规，属于霸王条款。

快7年了，“最低消费”“开瓶费”还屡禁不止，问题究竟出在哪儿？

由于时间成本的关系，消费者很难为“开瓶费”“最低消费”去维权，一旦监管部门没有主动作为，就会造成商家违法成本低、违法收益高的局面。有的商家可能会提前告知，也没强迫消费者消费，貌似给了消费者知情权和选择权，实则严重侵犯了消费者的公平交易权。消费者固然能够用脚投票，但这需要一个淘汰的时间和过程。

在此期间，监管不该失灵。应畅通举报渠道，严格落实《中华人民共和国消费者权益保护法》，切实保护消费者合法权益。同时，还应指导餐饮企业制定合理的收费标准。例如，有些地方的物价部门允许餐厅为包间收取15%的服务费，或标明自带酒水服务费为本店售价的15%，并事先向消费者明示。对此，消费者大都理解并接受。

以需定价没有错，但制定合理合法的收费标准也是营造放心消费环境的重要一环。唯有如此，才能进一步扩大内需特别是有效促进消费，促进形成强大国内市场，让万亿级的消费市场真正火起来。

（刊发于2021年2月24日时评版）

5 块钱的“李焕英”为什么不香了?

最近，监管部门公布了联合打击院线电影盗录传播集中行动的成果，主要保护对象正是《你好，李焕英》《唐人街探案 3》等 7 部春节档院线电影。

据媒体报道，前一阵有盗版影视资源流出：某电商平台商家称 8.88 元可看 6 部贺岁电影，再送万部蓝光超清版本的免 VIP 电影；还有的平台只需花 5 元钱就能买到《你好，李焕英》的电影资源。

对这个新闻，很多人的第一反应是，“啥，还有人看盗版电影呢”？

也是，今年电影春节档一个重要话题就是“电影票太贵”“一票难求”。可是，亲朋好友们见面了，很多人聊的都是自己和家人在电影院哭得稀里哗啦、笑得前仰后合。顶多会有人说想等着腾讯视频、爱奇艺等网站上线再看，还真没多少人说自己看了盗版的。

两年前可不是这样的。2019 年春节档曾遭遇“电影史上最严重盗版事故”——上映第二天，包括《流浪地球》在内的 8 部春节档电影全部遭遇盗版，且均是“高清版”。资源链接在二手交易平台上、朋友圈里大量涌现，“1 元 1 部，3 元打包”，给版权方造成巨额损失。

两年的时间，盗版电影为什么会遇冷？5 块钱的“李焕英”，怎么就不香了？

变化背后，首先是我国对知识产权保护日益重视，态度坚决、行动迅速、技术给力，严厉打击之下，踩住了盗版的源头。早在2月8日，即电影上映前4天，国家版权局就发布了预警名单，将《你好，李焕英》等7部春节档院线电影纳入预警保护。上映期间，各地版权、电影主管部门加强了对电影院的巡场管理，严防偷拍盗录，并加大网络巡查和盗版监测力度。

在严格的保护措施下，今年国内正规视频网站未出现春节档院线电影侵权盗版现象，少部分盗版内容、链接多通过社交平台、网盘、电商平台及未备案的“三无”小网站非法传播，数量较2018年和2019年同期监测数据有所下降。对于这些漏网之鱼，管理部门督促网络服务商采取紧急措施，快速删除，盗版资源压根儿没有大规模传播的机会。

另一方面，消费者尊重和保护知识产权意识明显提升，自发抵制了盗版电影的传播，今年主管部门收到多起群众举报的盗版信息就是证明。如今在网络上，看盗版、买山寨变成了一种“low”，会被嘲讽。别说是传播盗版，就连一些网友在观影时拍短视频、照片，都有人留言提醒他这是盗录，建议删除。在这样的氛围下，盗版电影由香变臭，大势已去。

此外，商业模式和技术的创新将消费者的观影需求分流回了视频网站。近几年，监管部门通过营造公平、合法的竞争局面，引导几大视频网站走正版化道路，投入巨资购买版权、提升在线观影体验，培养出了数亿有付费意识的用户。他们已经习惯在视频网站上看正版的、高质量的内容，只是时间晚一点。视频网站在竞争中实现高质量发展，知识产权也在竞争中得到更完善保护。

可以说，今年春节档电影过了一个踏实年，创下了国产电影票房的新纪录，但尊重和保护著作权、打击侵权盗版行为将是一项长期性的重要工作。《中华人民共和国民法典》确立了知识产权保护的重大法律原则，专利法、商标法、著作权法的修改，建立了国际上高标准的侵权惩罚性赔偿制度，为严格知识产权保护提供了有力法律保障。我国还在抓紧制定面向 2035 年的知识产权强国战略纲要和知识产权“十四五”规划，从完善保护制度、加大侵权惩戒等方面全链条强化知识产权保护。

有堵有疏，有被动防范与主动抵制，期待知识产权权利人能享受到更完整的成果效益，知识产权相关产业能获得高质量发展的重要保障，从而让消费者欣赏到更精彩的银幕人生。

（刊发于 2021 年 3 月 3 日时评版）

“3·15”曝光的老问题改了吗?

2021年央视“3·15”晚会，曝光了英菲尼迪变速箱故障、福特汽车变速箱生锈、废旧钢筋翻新、瘦肉精羊肉、360搜索医药广告造假、手机软件专坑老人、招聘平台泄露用户简历、商店偷偷收集用户人脸信息等问题。

一如既往，跟进报道铺天盖地，消费者震惊愤慨，涉事企业连夜道歉，监管部门雷霆出击。然而，这些年被曝光的那么多企业和行业问题，真改了吗？消费者能放心了吗?

2020年，“3·15”晚会曝光了汉堡王使用过期食材、宝骏560变速箱故障不断、趣头条推虚假广告、嗨学网退费难、上海氪信信息技术有限公司等企业利用手机SDK卡窃取用户隐私等。

对比今年，汽车变速箱问题、虚假广告问题、窃取用户隐私问题均是“二进宫”。

再把视线拉得远一点。2017年至2019年，“3·15”晚会共曝光了30多家企业：2017年，曝光了互动百科虚假广告泛滥、郑州科视视光公司以检查为名收集学生信息、另一种“瘦肉精”卷土重来、黑心“健康讲堂”坑害老人等内容；2018年，曝光了大众途锐的发动机缺陷、6禾核桃“山寨”6个核桃、珠宝店抽奖骗局、市政工程管材造假等；2019年，曝光了中科智联等公司的机器人打骚扰电话、馆陶县振堂蛋鸡养殖有限公司等商家将普通鸡蛋伪装成“土鸡蛋”、社保掌上通 APP 强制索取用户信息等。

是不是都似曾相识?不用专家做分析，一个普通消费者都能从这堆被曝光的问题里发现至今仍赖在身边的“牛皮癣”，没有一个是新出现的，只不过被点名的企业换了一批又一批。

其中，有些问题变本加厉，有些问题借了新业态的东风，祸害范围还更广了。比如，最近中消协调查发现，农村集贸市场问题商品出现反弹式增长，“三无”产品问题未见好转。另据市场监管总局通报，假冒伪劣、虚假宣传借道直播间，导致 2020 年全国“12315”平台受理的“直播带货”投诉举报同比增长 357.74%。教育培训乱象问题还成了今年全国两会的热议话题。

这些年，媒体对侵害消费者权益的事件进行了持续报道，但从效果看，上热搜不代表能解决。因此，媒体既要关注新热点，也要紧盯老问题，跟进报道被点名的企业和行业是否整改、收效几何、消费者满不满意、有没有建立完善杜绝问题产生的机制。总之，要形成监督闭环，不能烂尾。

解决这些问题，必须完善法律法规，在监管模糊地带划出有法可依的明确红线；必须加强协调联动，通过联席会议制度等形式，让监管力量攥拳出击、不留死角；主管部门和所在地区要有所作为，可探讨推动建立问责督导机制，对问题严重的地区和部门问责。今年“3·15”当夜，市场监管总局出台《网络交易监督管理办法》，明确直播带货视频需保留 3 年、不得默认授权收集消费者个人信息等规定，就是个很好的思路。

还要看到，很多消费顽疾并非单独存在，系统性问题终得用系统思维来解决。比如校外培训乱象，涉及教育招考改革、办学模式、投入保障等，需要着力构建优质均衡的基本公共教育服务体系；惩治直播间假货泛滥，得从斩断假货生产源头、完善商品标准抓起，需要建设高标准市场体系。只有对群众反映强烈的侵犯消费者权益的突出问题，紧盯不放，坚决改到位、改彻底，才可能不让问题仅仅停留在“被曝光”。

（刊发于2021年3月17日时评版）

让消费者冷静7天，管用吗?

3月22日，《北京市体育健身行业预付费服务合同（征求意见稿）》结束了征求意见。公示期内，舆论最关注的就是合同所设置的“7日冷静期”，即7日内，在未使用的情况下，可以无条件退款。

有人点赞“7日冷静期”就像网络购物“7日无理由退货”，保障了消费者权益。当然，比起过去那种收钱时满脸堆笑、退费时百般阻挠，冷静期肯定是个进步。不过，仍不得不泼盆冷水——“7日冷静期”治标不治本，消费者最在意的预付款安全并未得到充分保障。而且，“7日冷静期”还可能被部分商家当作逾期不退的借口，对消费者更加不利。

为什么这么说？因为预付费服务跟网购商品性质不同。网购商品合不合适，到货后大多能很快作出判断，7天时间基本足够消费者做出退货还是留下的决定。预付费服务则不然，它购买的是长期服务，短的数月，长则一两年。这期间，商家的服务质量可能会下降、消费者个人情况可能有改变，都会造成无法继续履行合同，需要解约、退费。

然而，合同范本拟规定的其他退款情形均为商家出现涨价、换地、关店等重大变化，而消费者只能在重病、伤残情况下才能提出退费，实际上这在一定程度上否定了消费者一方发起退费的权利。

在此需要明确，解除合同亦是消费者的正当权益。预付款虽然进入了商家账户，但钱还是消费者的钱，只不过是提前付款而已。在扣除商家之前的履约成本后，消费者有权拿回属于自己的剩余部分。即便过了 7 日，商家也无权拒绝消费者提出的退费要求。

同为预付费大户，教育培训行业基本落实了这一原则。根据国务院出台的《关于规范校外培训机构发展的意见》和教育部等 6 部门出台的《关于规范校外线上培训的实施意见》，教育培训机构普遍建立了退费机制，许多机构已经可以无条件随时退还剩余课时费。近期，北京市海淀区教委还要求培训机构必须接受资金存管，由银行按“一课次一消”原则，将学费分批划入培训机构账户。学生若提出退费，也由监管银行将剩余学费全部退还至学生账户。

餐饮健身、美容美发等行业则一直没有建立起应有的退费机制，能不能退费主要看商家和消费者谁能掰赢手腕。这已成为阻碍行业发展的堵点。

更重要的是，预付卡消费最大的雷点在于商家卷款跑路，消费者人财两空。难道消费者担心的是自己坚持不了 7 天吗？恐怕消费者更担心商家坚持不了 7 天！

这不是开玩笑。中消协今年 1 月曾点名批评跑路前还在促销的商家。有的商家头天还在促销办会员，第二天就人去楼空。对这种“再坑最后一把”的做法，中消协表示了强烈谴责。

预付费少则数百元，多则数万元，每个爆雷商家背后，可能是消费者群体几万元、几百万元、几千万元的损失。多年来，业界一直呼吁加强预付费监管，迟迟未有进展的根本原因在于监管权责不明确，法律法规不完善。针对单个商家推出的预付卡，目前出台的监管措施仅有 2012 年商务部颁布的《单用途商业预付卡管理办法（试行）》，规定发卡企业应在 30 日内办理备案，实行资金存管制度。然而，现实中几乎没有人盯着商家去备案。这就导致商家不需要任何资质，小餐馆、理发店的老板手写一张海报就可以充值办会员。一旦经营不善，老板一跑了之，消费者投诉无门。

虽然从管辖权限来说，市场监管、商务、体育等部门都有一定监管权，但由于权责划分不明确，导致事前、事中监管缺位，有执法权的市场监管部门实际上只能在消费者利益受损之后介入，效果大打折扣。因此，治理预付卡消费乱象，“7 日冷静期”可能并没有切中要害。应尽快将预付卡消费立法列入计划，明确监管职责，加强源头治理，不要让预付卡纠纷再“卡”住消费提振经济的脖子。

（刊发于 2021 年 3 月 24 日时评版）

广告法能否啃动“椰子”壳

椰树集团的广告又上热搜了，依然是“熟悉的味道”：配色大红大黄，加黑加粗艺术字满铺，一个正副总经理学校的招生广告，最突出的却是图中那个身体扭成“S”形的美女，并且配文“肯定有帅哥美女追”。

怎么评价这个广告呢？就是那种你明明觉得不妥，可是又说不出来到底哪里不合适的感觉。你看，“土味十足”不是罪过吧，美女图片在网络上也多得是，至于“肯定有帅哥美女追”，好像大学校园欢迎新生时也拉过类似的横幅。

别人都可以，我拼在一起，怎么就不行？椰树集团对质疑广告的声音给出回应：是企业一直坚持的宣传风格。

截至 3 月 30 日，该条广告微博下有 5600 多条网友评论。有人笑话广告土，有人觉得土久了就成了辨识度很高的风格，但也有网友评价“跟黄色网站似的”“简直就是电线杆上少妇求子的广告风格”。不知道这是不是椰树集团希望看到的效果？

从椰树集团多年的广告风格来看，土味确实是他们的一贯做法，这个无可厚非。但近几年，这家企业似乎迷上了打“擦边球”的轰动效应，总是围绕女性身材做文章，无论是“曲线动人，白嫩丰满”“从小喝到大”的广告语，还是突兀夸张的女性形象，都向外界传递着极强的暗示。这个非常危险。

行政处罚显示，2019 年 3 月，椰树集团海南椰汁饮料有限公司因妨碍社会公共秩序、违背社会良好风尚，被海口市龙华区市场监督管理局罚款 20 万元。处罚依据正是广告法第九条“广告不得含有淫秽、色情、赌博、迷信、恐怖、暴力的内容”。

被罚了 20 万元，还没认识到错误，广告法怎么就啃不动“椰子”壳？椰树集团哪来的底气一错再错？

首先，因为罚得不够重。广告法规定，对违反第九条的行为，处二十万元以上一百万元以下的罚款，情节严重的，并可以吊销营业执照，由广告审查机关撤销广告审查批准文件、一年内不受理其广告审查申请。2019 年的处罚是最低处罚，对屡教不改、明知故犯的，应该顶格严惩。罚痛了，才知道认错。

其次，是消费者比较包容，没有被“辣眼睛”的广告吓退，导致椰树集团产生了错觉，认为低俗广告有争议有流量，椰树牌椰汁卖得好是因为广告做得好。

这种情况正在改变。今年 1 月 1 日正式施行的《中华人民共和国民法典》在多个条文中对公序良俗予以着重强调。近期，在市场监管总局的统一部署下，全国市场监管部门集中开展违法违规商业营销宣传整治行动，多地发布的商业广告导向审查提示中，明确提出要依法查处低俗、庸俗、媚俗商业营销宣传行为，严禁恶搞经典、恶俗营销、挑战公序良俗等营销宣传行为，依法严厉打击含有色情及各类“软色情”内容的违法广告。按照这条红线，出格、奇葩、“软色情”的广告正是坚决打击的对象。

更重要的是，越来越多的消费者对打“擦边球”的“软色情”广告表示了抵触。这次椰树集团广告发布后，网友的评论已经表达出了他们的反感。

其实，椰树牌椰汁的质量一直很受消费者认可，“不用椰浆加香精当生榨骗人”，这个卖点不是挺好的吗？椰树牌椰汁不该放弃自己产品质量方面的核心优势，去走“擦边球”广告的“高空钢丝”。今后，此类低俗广告的效果将越来越有限，对产品销量的拉动未必明显，对企业品牌形象的打击却是实实在在，终究会得不偿失。再加上监管部门已经着手整治低俗广告，椰树集团应该有所警觉了。就像网友说的，“广告土点儿没事，别往黄色方面发展，企业就不会黄”。

（刊发于 2021 年 3 月 31 日时评版）

请椰树集团给市场带个好头

因一则广告引发媒体关注并被监管部门立案调查后，椰树集团在官网作出回应，大意是广告没犯法，怀疑媒体炒作，存心想搞垮椰树集团，并将其上升到影响海南开放形象、50 万椰农“脱富返贫”以及阻碍落实“一带一路”倡议等高度。对此，网友一针见血地指出，这是反手扣了一顶更大的帽子给媒体。

笔者是批评椰树广告的媒体人之一。批评椰树广告，没有任何想攻击企业的恶意，反而是惋惜这家质量备受认可的企业眼看就要走偏，希望其迷途知返；批评基于广告法的条款，基于媒体的良知，基于众多消费者的真实感受；我们的批评，是想敦促企业放弃打“擦边球”，专心做好椰汁，进而成为一家受尊敬的企业，成为海南的一张名片。媒体、消费者、监管部门和椰树集团的目标是一致的。

坦陈这些动机后，笔者仍想跟椰树集团交流交流：在消费者眼里，在社会公序良俗的评价标准里，在法律的白纸黑字里，椰树集团到底出了什么情况呢?

首先，椰树集团的回应带偏了节奏，曲解了消费者。消费者抵触的不是“有车、有房、有高薪，肯定有美女帅哥追”这句话，更不是大红大黄、土味十足的美工设计。消费者不忍直视的，只是椰树广告所传递的赤裸裸的“软色情”信号。无论是身材夸张的“S”

形美女说的那句“我从小喝到大”，还是电视广告里堪称“波涛汹涌”的美女奔跑镜头，都是强烈暗示。所以，网友才会说“我给孩子喝椰汁的时候只好先撕掉外标签”“如果包装上没有那个美女就好了”。

其次，广告的价值取向不仅牵涉公序良俗，也有法律红线。广告法规定，“广告应当真实、合法，以健康的表现形式表达广告内容，符合社会主义精神文明建设和弘扬中华民族优秀传统文化的要求”，并规定“广告不得含有淫秽、色情、赌博、迷信、恐怖、暴力的内容”。

消费者很清楚“软色情”与艺术作品的界限，即便有些消费者力挺椰树广告，也没有否认过椰树集团打“擦边球”。至于椰树集团是不是已经构成违反广告法，监管部门自有定论，媒体不能越界评判。但站在公序良俗的角度看，法律是社会道德的底线。如果一家企业总是在挑战道德底线，认为只要不受到法律严惩，被舆论批评几句无伤大雅，还乐于享受越黑越红的“流量”，那这家企业恐怕很难受人尊敬。

在关于椰树广告的争议中，有一种声音值得警惕，认为网络上充斥着比椰树广告更低俗的内容，媒体不去批评，反而盯着椰树广告不放，是小题大做、存心搞鬼。

乱象不是借口，底线不是上限。比椰树广告还低俗的内容存在，恰恰说明广告法的牙齿还不够锋利，媒体的监督还不够到位，有关部门的执法还不够有力，扫黄打非、整治“软色情”的工作还应深入开展。

黄暴低俗、打“软色情”“擦边球”，吸引的是成年人的眼球，但被误导的往往是没有判断力的孩子。作为孩子们最喜欢的饮料品牌之一的生产厂家，椰树集团应给市场带个好头，用更高的标准要求自己。这才是企业家精神应有的担当。

这两天，椰树集团官网已见不到那篇回应文章。希望椰树集团能够懂得，椰汁明明是白的，没必要让椰壳染黄。退一万步说，椰树集团如果有什么危机，绝不是因为媒体批评了它的广告，监管部门几十万元的罚款也不会让这家年产值 40 亿元的企业垮掉。水能载舟，亦能覆舟，危机只会潜藏于消费者抉择之中。还是网友那句话，“广告土点儿没事，别往黄色方面发展，企业就不会黄”。

（刊发于 2021 年 4 月 7 日时评版）

罚单的真正价值是什么?

网红张大奕的关联公司因为销售不合格服装，被罚了两笔钱——一笔500元、一笔200元。

近日公开的行政处罚决定书显示，2020年11月，杭州大奕电子商务有限公司通过淘宝网店“吾欢喜的衣橱”销售的一款牛仔裤，经抽检及复检，被确认为质量不合格产品。这款牛仔裤购自杭州如涵供应链管理有限公司，是张大奕关联公司。

今年3月，杭州市江干区市场监管局做出处罚决定，认定两家公司违反产品质量法，属于生产销售以不合格产品冒充合格产品的违法行为，决定对杭州大奕电子商务有限公司没收违法所得242.2元，罚款500元；对杭州如涵供应链管理有限公司没收违法所得12元，罚款200元。

对此，网友的评论是，“以为少个万字呢”，“多么温暖的惩罚”。

是不是温暖的惩罚，大奕公司恐怕另有想法。因为处罚决定公布后，吾欢喜官微发文回应称，该牛仔裤标签为97%纯棉、3%涤纶，而实际检测含量为100%纯棉。言下之意是，明明我们的实际质量更好。

在此，不去讨论100%纯棉与加了涤纶的衣服孰优孰劣，因为服装面料非常复杂，有时 100% 聚酯纤维的面料成本远超天然棉线。只说一点：产品质量法明确规定，产品质量应当符合在产品或者其包装上注明采用的产品标准，产品或者其包装上的标识必须真实，并标明产品规格、等级、所含主要成分的名称和含量。

作为生产销售企业，大奕公司和如涵公司没有尽到符合注明标准、如实标注的义务。这也是监管部门经过复检之后，依然认定其违反产品质量法的原因。

被戏称“温暖”的罚款金额，同样出自产品质量法：在产品中掺杂、掺假，以假充真，以次充好，或者以不合格产品冒充合格产品的，责令停止生产、销售，没收违法生产、销售的产品，并处违法生产、销售产品货值金额百分之五十以上三倍以下的罚款。

所以，监管部门完全称得上严格依法处理。网友的调侃，实质是在追问温暖的惩罚到底该给谁？怎样才能既保持温度，又不失力度？

在这方面，上海等地已经有了一些尝试。2019 年开始，上海、苏州、常熟等地推出了“轻微违法行为不予处罚”，对广告、食品经营、价格等领域的“无心之失”，属于初犯且未造成严重危害的，及时整改后，可免于行政处罚。近日，上海又发布了“免罚清单 2.0 版”。

比如，一些新开的便利店，店员还未全部到位、客流量较大，每逢进货高峰，店员忙得团团转，一些商品尚未贴上价格标签就暂时放到了货架上；还有些商品在忙乱中与其他商品混淆，价格标签无法与实际商品对应。根据价格法，经营者可能面临没收违法所得，并处 5000 元以下罚款的行政处罚。但依据免罚清单 2.0 版，经营者的这些轻微违法行为属于首次，可不予处罚。同时，经营者还避免了留下不良信用记录，这一点让许多极其看重声誉的创业者舒了一口气。看似免罚，实则体现了执法的真正意义。

根据行政处罚法处罚与教育相结合的原则，行政执法的价值绝非“为罚而罚”，而是要让行政处罚对象认识到错误，避免一错再错。

有的企业一心遵纪守法，轻微违法免罚，足以令其警觉。对这些爱惜羽毛的企业而言，哪怕再轻微的行政处罚记入企业名下，也会让其坐卧不宁。但对那些执迷不悟、屡教不改的企业，除了引入消费者权益保护法、食品安全法、价格法里的惩罚性赔偿措施，加大惩处力度，还应通过责令改正、批评教育、指导约谈等措施，让他们意识到错在哪里，督促其合法合规经营。温暖又有力量的监管不只是一张罚单，最终要体现惩前毖后、治病救人的效果。

（刊发于 2021 年 4 月 14 日时评版）

道歉的永辉超市，是聪明还是傻？

当其他鸵鸟都把头埋进沙子时，有一只居然抬起头来大喊：“对不起，我错了！”永辉超市就是这只不按套路出牌的鸵鸟——最近，网上突然出现了一份永辉超市股份有限公司的道歉声明，称“公司对出现的食品安全问题向广大消费者、投资者和监管部门致以真诚的歉意，管理层对该事件自查自纠，深刻反省”。

为什么说突然呢？因为很多人是先看到这条道歉，然后才得知前两天福建省市场监督管理局发布消息，称永辉超市多家门店有 15 批次食品抽检不合格，被媒体报道了。

这事儿最让人意外的点就在这里。市场监管总局定期会通报食品抽检不合格情况，被点名的企业有很多，可似乎没怎么听说哪家企业为此道过歉。

就拿最近几期来说，4 月 19 日公布的抽检结果显示，辽宁省大连乐购生活购物有限公司销售的烤鱼片，N- 二甲基亚硝胺检测值不合规。3 月 31 日公布的抽检结果显示，美团华欣超市（上地店）在美团（手机 APP）销售的精肉里肌肠，菌落总数不合规。

3 月 19 日公布的抽检结果一口气点名了好几家：小矮熊京东自营旗舰店销售的小矮熊枣花蜜，氯霉素残留量不合规；海南省海口家乐福商业有限公司金龙店销售的豇豆，甲基异柳磷残留量、克百威残留量不合规；沃尔玛（云南）商业零售有限公司曲靖子午路分店销售的黄瓜，氧乐果残留量不合规。如果算上电商平台上的商家，每期被点名的企业就更多了。

这可是市场监管总局开展的抽检，近几年家乐福、沃尔玛、淘宝、天猫、拼多多等企业几乎每期都会上榜，其严重性远超被省局点名。可大家好像打定了主意，随你怎么抽查，我就装聋作哑，坐等这波过去，继续愉快玩耍。这几乎成了企业应对食品安全抽检的一致态度。

从效果来看，这套鸵鸟策略成功淡化了可能发酵的危机。大多数时候，抽检结果被淹没在了互联网信息的汪洋大海，虽然有时媒体会跟进，但极少引起关注。因此，永辉这一次大张旗鼓地公开道歉，就显得格外不寻常。

可能其他企业会认为永辉是傻瓜，不懂得暂避风头，纯粹是自找麻烦。但媒体和消费者应该看到，在装聋作哑很可能风平浪静、公开道歉反而会招来热搜的网络环境下，永辉以上市公司的名义道歉，至少展现出想解决问题的积极态度。

客观地讲，超市、电商平台只是销售平台，不是问题食品的生产方。食品安全涉及种植养殖、生产加工、流通销售等多个环节，出现问题也有多方原因。

在过去的抽检中，永辉多次被曝出不合格，反映其供应链管理不善。如果永辉真能像致歉声明所说的，对食品安全制度及流程进行全方位核查，加强上游供应链管理，今后其商品质量将更有保障，此次道歉反倒成了提高质量的契机。道歉声明亦是免费广告，向消费者传递了永辉负责任的形象。从这个角度看，永辉其实是聪明的。

也须看到，这次永辉道歉的前提是监管部门重锤批评、主流媒体曝光，想躲也躲不过去。假设这些信息还是散布在一篇篇定期发布的抽检报告里无人关注，永辉会不会主动道歉，还是个未知数。之前，永辉超市被点名过多次，可没有道过歉。

这也提醒监管部门，企业其实心里有数，装聋作哑是因为没有锤到七寸。食品安全是产出来的，也是管出来的。只有建立最严谨的标准，实施最严格的监管，实行最严厉的处罚，坚持最严肃的问责，才能让消费者放心，让经营者敬畏。说到底，食品安全既不需要傻瓜，也不需要“聪明人”，只需要一心确保质量的老实人。

（刊发于 2021 年 4 月 21 日时评版）

香奈儿起诉华为，“老干妈”们怎么看

一个是奢侈品贵妇，一个是制造业直男，说香奈儿跟华为长得像，恐怕没几个人同意。可香奈儿偏偏认定了华为的新商标酷似自己。因此，在过去4年里，香奈儿3次起诉华为，要求后者“整容换脸”。

细看涉诉商标，一个是香奈儿著名的“双C”Logo，图案是左右交叉的两个粗“C”字母；一个是华为2017年在欧洲申请注册的新商标，图案为上下交缠的两个细线半圆。这俩商标到底像不像？此前，欧盟知识产权局、欧盟知识产权上诉委员会均驳回了香奈儿的反对意见，称两个Logo不存在相似性，公众不太可能将两者混淆。

根据一些媒体的报道，欧盟普通法院近日判定，这两个商标“有一些相似之处，但它们在视觉上存在显著差异”，不构成侵权。消息传回国内，立即上了热搜。一时间，网友们有的怀疑香奈儿碰瓷，有的质疑服饰箱包商标无权起诉手机、硬件商标，还有的怀疑自己和香奈儿哪个眼睛有问题。

这起国际官司背后，是中国企业创新发展绕不过去的知识产权“门槛”。网友可以“吃瓜”，但企业不能只坐着小板凳围观。

香奈儿并不是碰瓷。根据国际惯例，驰名商标可以跨类保护。卖包包的香奈儿别说告卖路由器的，就是告卖豆浆油条的，也是在行使法律赋予企业的权利。

商标是企业的脸面。哪怕这件商标来自一个相去甚远的类别，哪怕被舆论和法院认为是过度敏感，香奈儿也要坚持打官司。网友可以怀疑香奈儿的眼神玩不了“连连看”，但其反应灵敏的专业素养和态度坚决的商标保护意识，依然值得国内企业学习。

有人认为香奈儿卖的就是牌子，所以必须保护好自己的商标品牌。可从古到今，哪个想要做大做强的企业离得了商标品牌？毕竟，这关系到消费者购买时做出选择。

可惜，对自己这张珍贵的“脸”，某些企业的重视程度还远远不够。去年老干妈与腾讯那场糊涂官司，就在一定程度上暴露出老干妈缺少完善的商标品牌保护机制。否则，何以在长达一年多的时间里，都没有监测到自己的商标品牌被他人用于营销活动？

对别人那张珍贵的“脸”，部分公众的尊重意识也有待提升。几乎 1∶1 模仿了今日头条商标的今日油条公司就是典型。最近在法庭上，今日油条还辩称，“今日油条”只是描述自己售卖的油条是当天生产的，而今日头条是提供信息服务的，不会让消费者误认，不会对今日头条的商标使用造成损害。相关新闻下，支持今日油条的网友居然还不少，可见普及商标知识任重而道远。

本周恰逢“4·26”世界知识产权日。香奈儿一案，给意欲在新行业、新领域开创新天地的企业提了个醒。知识产权保护作为创新驱动发展的“刚需”、国际贸易的“标配”，在对内激励创新、对外促进开放中发挥着至关重要的作用。当下，新商业模式层出不穷，企业积极出海拓展业务，一旦出现商标纠纷，事先准备的生产资料、宣传资料统统不能使用，产品无法如期投入市场，每一分损失都是真金白银。

这次华为很可能是“人在家中坐，锅从天上来”，但类似的偶发事件可能将会是企业今后要面临的常态。世界知识产权组织数据显示，2019 年全球有约 1150 万件商标申请，有效商标注册约 5820 万件。按照增速，目前有效商标数量已近 7000 万件。中国企业既要睁大眼睛，防止这些新商标侵犯自己的商标权，也要手持放大镜，避免自己侵犯他人持有的商标。有时，再小心也没有用，比如此次华为遇到的官司，就要求企业得有能力应对知识产权纠纷。

同时，监管部门也要通过加强商标审查、开展知识产权培训、建设海外知识产权保护中心等措施，帮助企业应对挑战。这项工作紧迫性与挑战性并存，却是中国发力创新驱动、扩大改革开放必须完成的能力升级。总之，莫把香奈儿的起诉当笑话，笑她不如学她。

（刊发于 2021 年 4 月 28 日时评版）

内容平台要自设“红线”

5 月 13 日，是 34 家平台企业限期整改的截止日期，但某些企业可能还没有意识到自己错在哪里。比如，“粉丝倒奶”事件虽被主管部门痛批，相关企业也道歉整改，“饭圈”乱象更是陷入人人喊打的境地。然而，这一切究竟是简单的策划失误，还是内容平台对自身主体责任的长期忽视？迄今，笔者并未看到明确答案。

内容平台乱象频仍，先不要简单“甩锅”年轻人。虽然有些年轻人着实让人“看不懂”：他们不仅舍得把价值上百万元的牛奶倒进下水道，还吃得起一碗 3000 元的鱼汤面，甚至理个头发也要花上 13620 元。可转过脸来，他们又热衷于“17 元吃垮海底捞”，还嫌店家不让打包……巨大的行为反差在一些热门短视频等平台上时常流传，且很受追捧。凡此种种，在笔者看来，无论“粉丝”还是博主既不是真抠门，也不是真有钱，就连爱心可能也是表演……归根结底一句话：都是流量生意在作祟。

不信，你看——随着白花花的牛奶倒进下水道的每一分钱，顺着一根看不见的利益管道，最终可能爬进了“饭圈”产业链和视频平台的腰包。你以为博主们 3000 元一碗的鱼汤面是自己埋单？才不是。据说由于众多网民的观看和点赞，某炫富博主从平台获取的收益已超千万元。“17 元吃垮海底捞”也是假的，要流量才是真的。

种种乱象背后，都有视频平台的身影。不管是那些长视频平台，还是短视频平台，都是近年来用户群体猛增的内容平台。可惜的是，海量用户没有让平台感受到沉甸甸的责任，反而助长了他们对流量无止境的追求。

不同于销售商品和服务的电商平台，视频平台还生产、传播内容，兼具思想塑造功能。部分视频平台端上的“饭菜”里盛满了爱慕虚荣、铺张浪费、弄虚作假，长期吃这种“精神食粮”的年轻人如何能建立正确的三观？所以，不该仅仅指责部分“粉丝”，他们只是看多了低俗浮夸、享受奢侈。

我国高度重视对平台企业的监管和规范。4 月 13 日，市场监管总局、网信办等部门召集 34 家互联网平台企业召开了行政指导会，提出了“5 个严防”和“5 个确保”（严防资本无序扩张，确保经济社会安全；严防垄断失序，确保市场公平竞争；严防技术扼杀，确保行业创新发展；严防规则算法滥用，确保各方合法权益；严防系统封闭，确保生态开放共享），限期一个月整改到位。然而，从目前来看，这 5 条红线尚未涵盖平台企业的全部违规行为，导致部分内容平台还没有意识到自身问题，或心存侥幸，明知故犯。

事实上，对于视频平台如何经营，国家早有明文规定。例如，2007 年有关部门颁布的《互联网视听节目服务管理规定》第六条即指出“从事互联网视听节目服务，应当坚持为人民服务、为社会主义服务，坚持正确导向，把社会效益放在首位，建设社会主义核心价值体系，遵守社会主义道德规范”。有鉴于此，笔者以为，对于内容平台企业来说，除了“5 个严防”和“5 个确保”，还应再自设一条红线：严防平台传播错误导向、违背公序良俗，确保信息内容传播与社会主义核心价值观并行不悖。

眼下，整改期限将至，平台企业应抓紧自查。看平台内容传播效果，究竟是迎合低俗，还是激发人民为美好生活而努力的斗志。总之，再不能让包括视频、网文在内的内容平台种下“歪脖树”，危害年轻人。

（刊发于 2021 年 5 月 12 日时评版）

一句“对不起”难撇代言责任

近日，国内某明星代言的一款奶茶品牌“因涉及违法犯罪”被公安机关立案调查。虽然该明星方面表示已向这款奶茶品牌提出解约，但网友们并不买账。毕竟，此事涉及的不是一支难用的口红、一杯难喝的奶茶，而是一起涉案金额高达数亿元的诈骗案。明星代言人一句道歉解约，投资者却血本无归，人们难免要问：代言产品涉嫌违法犯罪，代言明星一句道歉能否免责？

根据广告法，关系消费者生命健康的商品或者服务的虚假广告，给消费者造成损害的，其广告代言人应当与广告主承担连带责任。其他商品或者服务的虚假广告，造成消费者损害的，广告代言人明知或者应知广告虚假仍作推荐、证明的，应当与广告主承担连带责任。

广告法还规定，广告代言人不得为其未使用过的商品或者未接受过的服务作推荐、证明。如果违反，可由市场监督管理部门没收违法所得，并处违法所得一倍以上二倍以下的罚款。如果代言人明知或者应知广告虚假仍在广告中对商品、服务作推荐、证明的，也可没收违法所得，并处违法所得一倍以上二倍以下的罚款。

因此，代言明星不能以一句“对不起”就撇清责任，必须拿出事实依据，如自己的产品使用情况、当时的考察记录、要求对方提供的营收、资质等信息，向监管部门证明自己尽到了核查义务。公开道歉只是个人态度，该承担的法律责任不能逃避。

实际生活中，企业愿意向明星支付不菲的代言费，并非因为明星对产品有多了解，主要是看中他们名气大。有的消费者会认为，明星都在用这个产品，保准没错；也有消费者会认为，企业请得起明星，说明实力过硬；还有消费者纯粹为了追星，谁请我的“爱豆”代言，我就选择购买谁的产品。

明星既然收了高额代言费，本着对自己、对消费者负责的态度，应在接代言广告时详尽核查。遗憾的是，有些明星只看到经济利益，忽视了或者根本不在意自己需要承担的“应知”责任。

目前，明星代言乱象丛生，在某种程度上也是因为长期以来执法不严，连带责任条款形同虚设造成的。每年爆雷的产品那么多，似乎没听说过哪个代言明星承担了连带责任，更甭提被罚没代言费、再处两倍罚款的事了。

根治明星代言乱象，首先应提醒明星爱惜自己的羽毛，谨慎选择代言产品。作为外部人士，明星无法精准断定一家公司会不会违法犯罪，但代言必须慎之又慎。

其次，应加大监督执法力度，让代言明星在赚钱的同时，承担相应的法律责任。除了从源头监管商品和服务质量，让好产品自己能说话，还要严格落实广告法，不能让明星游离在法网之外。如果有了代言明星被重罚的先例，下一步明星代言产品时无疑会更加敬畏法律、爱惜名誉、掂量得失。

此外，消费者也应认识到，明星代言只是一种营销手段，千万不要把大明星与高质量画等号，消费时还是要理性判断、理性选择。

（刊发于 2021 年 5 月 19 日时评版）

莫把严管校外培训当“空调”

校外培训机构最近比较慌。近日，中央全面深化改革委员会第十九次会议审议通过了《关于进一步减轻义务教育阶段学生作业负担和校外培训负担的意见》，指出校外培训机构无序发展，“校内减负、校外增负”现象突出。会议还明确提出严禁校外培训机构随意资本化运作，不能让良心的行业变成逐利的产业。

条条说到了家长的心坎里，也打在了校外培训机构的“七寸”上。然而，目前还有部分机构心存侥幸，也有家长猜测，会不会“雷声大、雨点小”，严管成了“空调”，只吹风、没动静？

这种侥幸心理和犹豫观望可以收起来了。对校外培训机构的监管绝不是一次心血来潮的专项整治，而是要给行业定方向、立规矩。校外培训机构必须明白，行业野蛮生长的阶段已经过去，接下来将是规范发展的成长期。

早在 2018 年，中央全面深化改革委员会第三次会议就审议通过了《关于规范校外培训机构发展的意见》，提出要以建立健全校外培训机构监管机制为着力点，构建校外培训机构规范有序发展的长效机制。从 2018 年起，多部门联合对校外培训机构进行了专项整治。

新冠疫情发生后，在线培训机构在资本推动下迅速扩张。企查查数据显示，目前我国约有 45.4 万家教育培训相关企业，仅去年就新注册了 8.25 万家，为近 10 年最高。毫不夸张地说，每一家培训机构都是用家长的钱包“养”起来的。然而，他们回报学生和家长的，却是越来越严重的焦虑贩卖，越来越拔高的学习内容，以及越来越明目张胆的虚假宣传。问题屡禁不止，还有愈演愈烈之势，以致今年全国两会期间校外培训机构话题备受关注。

对比中央深改委两次会议精神可知，整顿校外培训机构的发力点已调整为内外联动。特别是此次会议“对存在不符合资质、管理混乱、借机敛财、虚假宣传、与学校勾连牟利等问题的机构，要严肃查处”，“根本之策在于全面提高学校教学质量”，“各级党委和政府要强化主体责任”等提法，明显看出话说得更重，问题点得更透，提出的措施更系统。一套组合拳打下来，有望改变“校内减负、校外增负”的现状。

校外培训市场未来怎么发展，不仅要领会新提法，还应留意新措施。

就在中央深改委此次会议的同一天，北京出台了《北京市学科类校外培训机构预收费管理办法（试行）》，明确要求预收费机构采用银行存管模式开展资金监管，存管资金拨付须与授课进度同步、同比例。此举显然有助于防止培训机构卷款跑路，也在一定程度上限制了培训机构挪用学费进行无序扩张。业内普遍认为，这一思路可成为范本，向全国推广。

此前，北京市海淀区市场监管局还发布了《教育培训行业广告发布重点内容提示书》，严格限制行业广告投放。市场监管总局及北京、重庆等地市场监管部门多次顶格处罚校外培训机构，让全社会收到了“动真格”的信息。

整顿行业乱象，无疑有利于行业长远发展。这些年，为了让用户数、复购率等资本重视的指标好看一点，培训机构同样在“内卷”。比如，2020 年培训机构营销支出占收入比重普遍在 30%~50%，个别机构的这一比重竟高达 81.6%，收支如此畸形，企业谈何发展？

只有摆脱价格战、虚假宣传等顽疾，校外培训机构才能健康发展，真正成为学校教育的有益补充。教育行业要培养千家万户未来的希望，决不能让资本决定孩子学什么、怎么学。

（刊发于 2021 年 5 月 26 日时评版）

早日打赢国产奶粉翻身仗

“六一”国际儿童节前夕，笔者在一家母婴店发现，店里销售的几乎全是进口奶粉，国产奶粉仅有一种。当消费者坚持询问国产奶粉时，导购员依然推荐一款宣传使用了“A2”奶源的国外品牌奶粉，称目前西方仅有30%的奶牛能产出“A2”奶源。同样规格的1段奶粉（适合0—6个月宝宝的奶粉），“A2”品牌比国产品牌贵了100元左右。导购员说，进口奶粉虽贵，但比较“放心”。

进口奶粉就一定能放心？先看一下抽检结果。

市场监管总局5月24日公布的抽查结果显示，某国外知名品牌奶粉（1段）因香兰素检测值不合规，被上海市市场监管局没收违法所得343.74万元，罚款909.31万元。抽检还显示，另一个国外品牌羊奶粉（3段，适合1—3岁宝宝的奶粉），因维生素A含量既不符合我国食品安全国家标准，也不符合产品标签标识要求，被广东省广州市黄埔区市场监管局没收违法所得1.32万元，罚款46.75万元。

这两批次不合格只是抽检，消费者无须过度反应。无论是进口奶粉还是国产奶粉，我国市场上正规销售的奶粉质量还是有保障的。市场监管部门的抽检结果显示，去年我国婴幼儿配方食品合格率为99.89%，已连续多年稳定在99%以上。

如今，国产奶粉早已不是“吴下阿蒙”，当年那场危机过后，我国已经建立了严格的婴幼儿奶粉管理制度。目前，在生产源头，我国实施配方奶粉注册制，把住了进入“门槛”；在出厂环节，我国婴幼儿配方奶粉现行标准检测指标约有60项，同时，在菌落总数、黄曲霉毒素M1、亚硝酸盐等指标上，我国标准比欧美还严格；在流通环节，自2016年起，我国对婴幼儿配方乳粉实行月月抽检，所有企业和产品均需月月抽检、月月公布，用高压监管倒逼企业严格自查。今年春季，市场监管总局还公布了婴幼儿奶粉新国标（GB 10765-2021），意味着国产奶粉的质量将进一步提升。

其实，国产奶粉标准会按照中国人体质设计，更适合中国宝宝。连那位极力推荐国外品牌的导购员也说，国产奶粉配方中，锌和硒元素含量要求高于大多数进口奶粉；我国禁止在1段奶粉中添加增香的香兰素，国外配方则不一定。

食品安全无小事，婴幼儿奶粉更是食品安全中的敏感区。跟进口奶粉相比，国产奶粉除了要严把质量关，还要重拾消费者的信心。国产奶粉须继续提升品质，以更高的标准、更好的质量、更完善的售后让消费者青睐。

2019年，婴幼儿配方奶粉国产品牌市场占有率首次超过了进口品牌，这是个好势头。国产奶粉企业的营销要跟上，在合法合规的前提下提高知名度、美誉度。监管部门也应加强奶粉质量安全监管，严厉打击虚假广告、夸大营销等违规行为，减少消费者选择时的干扰因素。

第七次全国人口普查数据显示，2020年我国有1200万新生儿。三孩生育政策放开，要喝奶粉的新生儿可能会更多。婴幼儿奶粉的质量安全，既是重大民生问题，也是重大经济社会问题，必须树立国产品牌，提振消费者信心。等到有一天家长们能够像买手机一样，不必纠结国产还是进口，只需要考虑功能、价格或个人喜好，就能放心给孩子买奶粉时，中国奶粉才算彻底打赢了翻身仗。

（刊发于 2021 年 6 月 2 日时评版）

版权“蛋生鸡”，边界在哪里？

谁能想到呢？明争暗斗多年的爱奇艺、优酷、腾讯视频会变成“友商”，携手声讨抖音、快手、B 站等短视频平台；一直你追我赶的抖音、快手、B 站也就地抱团，合力反击有关吐槽。

明面上，双方争议的焦点是能不能利用电影、电视剧、综艺等内容进行“切条搬运”和“二次创作”。短视频平台上，这些“三分钟看 ××”播放量轻松过千万次，但与购买、自制原创作品相比，成本几乎可以忽略不计。

所以，爱奇艺、优酷、腾讯视频一致用“盗版”来斥责“二次创作”。抖音方面的回应也很绝，直接甩出了一份精心制作的“字节跳动遭遇腾讯屏蔽和封禁大事记（2018—2021 年）”。

意外吗？其实也不。今年 4 月，借着世界知识产权日，爱奇艺、优酷、腾讯视频联合 500 多位艺人提出“二次创作”的版权问题，将某些短视频平台打了个措手不及。近日参加第九届网络视听大会，双方早就憋着一口气，做好了 PPT，就等着亮剑了。

版权背后是流量，平台怎能不着急？据说当初腾讯视频购买《如懿传》的版权费高达 8.1 亿元，可现在，用户却在短视频平台上看各种“切条搬运”“二次创作”片段，甚至有 20 多分钟的版本。用户看得过瘾，流量哗哗地流到了短视频平台。

类似的情况数不胜数，冲击了长视频的商业模式。按长视频平台原先的设想，斥巨资获得作品版权，好比买了会下金蛋的母鸡，有的金蛋能孵出会员费，有的能孵出流量池，有的能孵出广告收入，还有的能孵出提前点映的额外收费。有了钱，就可以接着买金鸡、下金蛋，循环往复，做大做强。

现在来了截和的，把金蛋搬去了短视频平台，还一只接一只地孵小鸡——近几年，短视频平台发展迅猛，用户规模、用户时长与商业回报均实现对长视频行业的反超。表现在资本市场，爱奇艺、优酷、腾讯视频等至今亏损，B 站、快手等市值却一骑绝尘，未上市的抖音更被寄予厚望。虽然“切条搬运”和“二次创作”只是贡献了一部分功劳，但长视频平台也已经不想再免费扶持短视频平台了。

6 月 1 日起，新版著作权法正式施行，将包括短视频在内的“视听作品”纳入保护范畴。坦白说，什么叫“适当引用”“合理使用”，边界依然模糊。这个在世界范围内都是难题。但法律更多时候是发挥震慑作用，“二次创作”作者和平台须有边界感，怀着对法律的敬畏之心，调整自己的商业模式。

目前短视频平台自知理亏，已删除了大量侵权短视频，只是流量诱人，不想轻易放弃。4 月份，有大批“二次创作”作者发声，称自知涉嫌侵权，但个人创作者难以对接大量版权方。这也提醒有关方面，在维护权利人合法权利的同时，也要便于使用方、平台方合法使用。部分短视频平台已表示愿意批量采购存量版权，开放给平台内的创作者。中国电影著作权协会等组织应借鉴音著协、音集协的集体管理机制，抓紧协调，降低维权、监测和交易成本。只要定价合理，各方不难达成合作。

再讲个他山之“熊”的故事吧。2010年，日本熊本县推出吉祥物“熊本熊”，将形象版权免费授权给本国企业使用，2018年又宣布外国企业仅需5%~7%的版权费即可获得形象授权。由此，这头有两坨腮红的黑熊获得了大批拥趸，红遍全球，随之带动熊本县的旅游经济发展。平台及版权方不妨借鉴一下，以更务实的态度尽快解决版权争议。

最近，很多新片的版权方开始向短视频大V提供素材，花钱请他们进行再创作，以吸引潜在观众。而且，新版著作权法保护“二次创作”著作权，其实有利于“二次创作”发展。未来，正版“二次创作”将是影视剧宣发的重要渠道，高质量的大V号有望获得更多资源，合法合规地挣钱。从这个意义上说，这次维权也许就是长、短视频携手走向正版时代的契机。

（刊发于2021年6月9日时评版）

扫码结账怎能成扫码关注

最近，深圳、江苏两地消协组织先后发出关于扫码消费的行业自律承诺和倡议，呼吁商场、餐厅、停车场等商家在扫码缴费过程中不强制消费者关注商家公众号、不过度索取消费者个人信息、要提供人工缴费通道等。这两条新闻均登上热搜，可见消费者感同身受程度之深。

根据深圳市消委会的调查，当地 36 家大中型购物中心、353 个门店普遍存在商家过度收集信息以及强制消费者关注公众号等行为。对此，95% 以上的受访消费者反映强烈。

想一想咱们自己的经历吧，好不容易等到空桌，难道能因为不想扫码关注就换个餐厅继续等吗？还有消费者到了停车场收费处，发现居然要关注物业公司微信公众号、绑定车牌号才能完成支付。已经卡在收费口了，总不能弃车而去吧？消费者只得就范，商家又多一名“新粉”。

对商家来讲，扫码消费可节约经营成本、提高运营效率、减少新冠疫情防控期间人员接触。扫码关注后，还能引导消费者进群互动，形成复购。在流量越来越重要的当下，“粉丝”群已成商家“私域流量”的关键所在。但“私域流量”应该靠顾客自愿，而不能“强迫粉”，更不能肆无忌惮地从消费者那里收集各种信息、推送各种广告。

根据消费者权益保护法，明明只想付款，却要被迫关注商家公众号，已涉嫌侵犯消费者的自主选择权；过度收集信息，还涉嫌违反有关规定——“经营者收集、使用消费者个人信息，应当遵循合法、正当、必要的原则”。今年3月，中消协就曾指出扫码点餐的侵权风险点，呼吁“消费便利”不能变成“消费烦恼”。

遗憾的是，尽管消协连连喊话，但个别商家就是装聋作哑。这是因为，一方面，消协没有执法权，对企业威慑不够；另一方面，相关法律法规不健全，监督还停留在舆论监督、社会监督层面，没有主管部门出手，商家违法成本太低。

对症下药，首先应抓紧完善法律法规，让商家和开发者、平台知道什么能做、什么不能做。目前规范互联网信息授权与收集的条款散见于《中华人民共和国网络安全法》《APP违法违规收集使用个人信息行为认定方法》等，主要监管对象是APP，商家定制的扫码小程序并不完全适用。比如，APP往往并非强制扫码关注的主体，但某些使用微信小程序的餐馆却存在违规行为，那么适用条款就需要相应调整。

还有一个问题很关键。我国已有上亿市场主体，其中仅个体户就有9000多万。这些餐厅、水果店、小超市分布在全国各地，大多设置了扫码消费，不仅数量远高于国内现存的300多万款APP，而且必须到店扫一扫才能判断商家有没有违规行为，线上抽检难以发现。

近期，国家网信办根据抽查，连续通报了100多款APP违规收集信息的情况，其中不乏一些知名APP。在有明确法律、主管部门和监管手段的前提下，APP尚且乱象频出，针对数量更多、情况更复杂的扫码消费，监管思路、手段与监管 APP 应有区别。最好配套专门的管理办法，并且要求微信、支付宝等平台企业承担相应责任。

二维码技术是中性的。在法律红线之上，商家应当自觉约束自己，不利用技术优势做出格越轨之事。如果真的想跟消费者交朋友，商家应该通过有吸引力的产品和服务“黏住”消费者。

其实，扫码本身也可以很好玩。有的商家设计兼具实用性与娱乐性，扫码之后能看到一件衣服的实际上身效果；有的商家会给点小甜头，扫码关注之后送礼品。如果足够有趣，消费者还可能自发传播。既满足商家“增粉”需求，也避免侵犯消费者权益，岂不美哉？

（刊发于 2021 年 6 月 16 日时评版）

迟来的苦果更要认真品尝

最近，有个网红雪糕品牌可能有点烦。因为，网友们居然翻出了它两年前的虚假广告，还据此质疑它现在卖66元一块的雪糕值不值，让这个刚刚“3岁”的网红品牌遭遇了成立以来最大的一次危机。

消息持续发酵，企业紧急发文致歉，称只是创业初期的两次行政处罚，当初已第一时间整改，而且全员学习了广告法，建立起更严格的审核机制。

尽管如此，网上2天约10亿次阅读量，说明消费者的质疑并没有打消。不能怪消费者太较真，而是企业无权要求此前的错漏被遗忘——随着法律法规逐步完善，监管手段日益升级，消费者更加重视自身权益，企业不规范操作的空间越来越小。现在的企业从诞生之日起就要守规矩，否则，就得做好今后被翻旧账的准备，甚至以数倍代价偿还。

这一变化背后，是我国对如何建设高标准市场体系、完善公平竞争制度的认识不断加深。过去，不少领域没有明确法律边界，监管力量也不够健全，企业倾向于不管三七二十一，先做大做强了再考虑合规问题。这导致部分企业至今崇尚以成败论英雄，对法律法规和消费者缺少起码的敬畏和尊重。然而，当市场经济发展到今天，野蛮生长已不合时宜。近几年，国家多次强调促进市场公平竞争、维护市场正常秩序，监管部门加大了有关执法力度。

以本文开头提到的雪糕品牌为例，2019年，它曾两次因发布虚假广告被分别处罚0.6万元和0.3万元。当时，由于事情不大，罚款数额不高，名气也不如现在响亮，所以未引起舆论关注。但就像它自己说的，错可以改，但事儿抹不去。在我国加强信用监管的形势下，更是如此。2014年国家企业信用信息公示系统上线运行，将市场主体的行政处罚、抽查结果、经营异常状态等信息归集整理，一一对应到企业名下。

这些以往散落各处、不被公众了解的信息作为信用监管的入口，再加上企查查、天眼查等各种“挖掘”工具，企业就像被成千上万双眼睛盯着。一旦有诱因，过错的种子就会破土，让企业尝到迟来的苦果。

互联网是一把双刃剑。一些国潮品牌能快速兴起，很大程度上得益于互联网的高效传播。但是，这也意味着一旦出现负面信息，同样会在网上高速发酵，企业想瞒也瞒不住，想“抹”更来不及。

面对监管环境和传播环境的变化，企业既要知敬畏，也要懂自律。与其心存侥幸，不如本分经营，一开始就严谨些，做好供应链管理，遵守法律法规，不给未来的自己“挖坑”“埋雷”。

被翻旧账肯定不是件愉快的事，但若能以此为戒，未必完全是坏事。当年海尔冰箱也曾出现不合格现象，但海尔直面问题，怒砸76台不合格冰箱，砸醒了海尔人的质量意识，倒逼出一个全球家电巨头。这篇“旧账”如今讲起来，已是海尔企业文化的生动注脚。

所以，犯过错的网红品牌别怕翻旧账，有时迟来的苦果更需认真品尝，才能更深刻地吸取教训。企业不妨把这两份行政处罚决定书挂在公司显眼处，时刻提醒每一名员工不要再犯类似错误，更不要犯食品安全上的大错。警钟长鸣，上上下下确实会压力倍增，可唯有企业如履薄冰、如临深渊，才能换来消费者踏实放心，进而助推企业持续健康发展。

（刊发于2021年6月23日时评版）

有标准的鸭血粉丝汤才有味道

最近有条自带香气、勾人馋虫的新闻引起关注，说南京市市场监管局出台了速食装鸭血粉丝汤的生产标准，规定包含鸭血、鸭肠、鸭肝等鸭产品和高汤的物料包，重量必须超过整重的50%，同时鸭产品在物料包内占比要超过50%等。喜好这一口的消费者对此很期待。

虽然市场上已有类似产品，但从质量上来看，有标准的鸭血粉丝汤确实会更“香”，因为“含鸭量”超过50%的硬指标避免了偷工减料，有利于速食汤料保持风味。更重要的是，标准划定了安全底线，守住了品质“门槛”，让消费者能够放心购买，也给了监管部门一个监管抓手。这是食品行业多年摸索出的经验：标准先行，严格落实，加强监管，才能筑牢品质和安全的基础。

有标准的鸭血粉丝汤口碑也会更“香”。据报道，制定标准意在申请非物质文化遗产。如果申遗成功，必定会提高产品的认可度、美誉度。不过，鸭血粉丝汤只是南京特色，还未形成区域品牌，一旦做大，难免泥沙俱下，还可能有外来的“李鬼”蹭热度。因此，除了申遗，建议南京市抓紧申请国家地理标志产品，加强保护，避免消费者买到假冒产品。

国家地理标志产品的另一个好处在于有国际通用的交流体系，

可以在海内外更好地保护产品质量及信誉。例如，《中欧地理标志协定》正式生效后，来自欧盟和中国的数百个地理标志在对方市场上得到保护，其中不乏潜江龙虾、四川泡菜、库尔勒香梨等。今后，随着对外经贸交流的深入，保护范围还会进一步扩大。若能跻身这一行列，“南京鸭”将更容易游出海。

在品质和口碑的双重作用下，在国内和国外两个市场的带动下，有标准的鸭血粉丝汤市场同样会更“香”。比前由于缺少安全标准、生产规范等，仅有少量南京食品企业尝试生产速食鸭血粉丝汤，市场上销售的产品很多产自其他地区，且规模较小。生产标准出台后，南京企业可以申领速食鸭血粉丝汤食品生产许可证，把地方小吃做成工业化生产的方便食品，再通过电商平台、商超等渠道进入千家万户的餐桌。

这条“标准—质量—品牌—零售”的食品产业化之路，“网红”柳州螺蛳粉已经走过且走成功了。2016 年，广西柳州出台了强制性的螺蛳粉食品安全地方标准；2018 年，“柳州螺蛳粉”获批地理标志商标；今年 2 月，当地又出台了《地理标志证明商标　柳州螺蛳粉》团体标准，推动产业高质量发展。2020 年，袋装柳州螺蛳粉全产业销售收入约为 240 亿元，远销海外 20 多个国家和地区，在国际国内食品市场屡创“奇迹”。

鸭血粉丝汤正在奋起直追。据报道，目前南京市市场监管局已发放多张食品生产许可证。如果严格落实标准、营销得力、渠道畅通，消费者基础良好的鸭血粉丝汤完全有可能跻身柳州螺蛳粉那样的百亿元级品类。

需要提醒的是，食品安全标准重在安全，对霉菌、重金属、亚硝酸盐等与消费者健康息息相关的指标，应严格控制；食品生产方面的标准、操作规范则不宜太细太宽，要给企业留下创新的空间。比如，企业如果想推出小龙虾味的鸭血粉丝汤，势必要在料包里增加小龙虾，鸭产品可能会相应减少，不一定能达到“含鸭量”50%的标准。这方面不妨留有余地，交由企业来发挥，交给市场去选择。

从螺蛳粉、小龙虾到鸭血粉丝汤，越来越多的地方政府部门和食品企业已经意识到，制定标准是品质化、品牌化、产业化的必经之路。就像小龙虾味的螺蛳粉、藤椒味的鸭血粉丝汤一样，期待更多传统美食能做出消费者喜欢的新味道，走出地域，香飘世界。

（刊发于 2021 年 7 月 7 日时评版）

细品这剂反垄断的“预防针”

在市场消化22起违法实施经营者集中案件带来的震动之时，反垄断执法机构又对腾讯亮出一张“红牌”——虎牙公司与斗鱼国际控股有限公司的合并近日被市场监管总局依法叫停。腾讯作为合并主导方，收到了反垄断法施行10多年来开出的首张互联网“禁止经营者集中”的行政禁令。

监管部门认为，禁止斗鱼、虎牙合并，可防止腾讯利用自己的影响力，安排主播们只推介自己出品的游戏，这对维护网络游戏和游戏直播市场的公平竞争具有重要意义。

不过，对于大多数人来说，游戏直播是个陌生的行业。他们可能还在疑惑，明明是禁止斗鱼和虎牙合并，为啥禁令里一直在说腾讯；至于这两家企业合不合并，对大家的日常生活影响不大。事实上，这张行政禁令真正的意义在于打破了对于“投并案件申报只是程序，99%会无条件通过，不申报也最多只罚50万元”的旧有认知，对引导企业合规经营、遏制资本无序扩张将有深远影响。

2008年正式实施的反垄断法第一条开宗明义地指出，该法是“为了预防和制止垄断行为”。因为垄断行为一旦发生，意味着公平竞争的市场秩序被破坏，市场主体和消费者利益受到损害，所以，防止垄断行为发生有时可能比制止还来的重要。

但从近两年频繁登上热搜的反垄断案例来看，监管部门主要在开罚单，不管是罚上百亿元还是罚50万元，都是事后处罚。有的案件甚至发生在10多年前，制止已经来不及，事后处罚也未能实现，只能用重罚来震慑可能的下一次。

而此次禁止虎牙与斗鱼合并，是在“申报环节”这个源头就遏制了后续可能造成的经营者集中影响。这是对互联网领域诟病已久的“掐尖式并购”的前置监管。监管部门以预警式的禁令取代事后罚单，释放出反垄断执法已进入预防与制止并重的新阶段。罚单与禁令交替，事后严惩与事前预防并举，代表着我国监管平台经济的理念更加成熟，能力不断提升。

企业应当意识到这一转变，抓紧调整某些不合时宜的所谓“互联网打法”。比如，前些年网约车、共享单车等领域习惯靠巨额补贴拖垮对手、做大自身，现在谁还敢大张旗鼓地打价格战，可能早就被监管部门叫停了，社区团购收到的“九不得”禁令就是有力证明。

再比如，两个企业斗得不可开交，背后的资本一合计，不如合并算了，当年“千团大战”、网约车竞争都是这么结束的。合并后的胜者确实成为市场龙头，带着“中国第一”的光环上市融资，赚得盆满钵满，但涨价、侵犯消费者隐私、滥用消费者信息、压榨平台商家等行为也随之出现，被消费者痛斥为“割韭菜”，背后的资本才是真正赢家。现在，这种合并可能很难“心想事成”，资本必须要认真考虑“砸钱”后的退出渠道。

互联网“巨头”们能有今天，离不开资本的“慷慨解囊”，可资本不是慈善家，它需要更多的利润回报。经过近些年的发展，互联网企业应该意识到了资本是一把双刃剑，既能推动自己迅速做大，也会让企业身不由己。

此次监管通过行政禁令“敲打”腾讯，也是在给资本打“预防针”，有利于规范互联网行业的投并活动。从纠错到预防，互联网企业和背后的资本应当细品其中深意，转变原始粗放的发展思路。是合规经营、创新驱动，畅享资本撬动未来的红利，还是野蛮生长、短期逐利，记住，出来混总是要还的。

（刊发于 2021 年 7 月 14 日时评版）

网红带货不能光推销不审核

最近，“辛巴胜诉”和“燕窝事件反转”上了话题热搜榜。难道假燕窝一事真冤枉了这位叫辛巴的网红？点开新闻一看，原来是广州仲裁委员会就沭阳和翊信息科技有限公司（辛选集团旗下公司）诉广州融昱贸易有限公司一案做出终局裁决：确认融昱公司故意误导辛选作出虚假、引人误解的宣传行为，裁决融昱公司向和翊公司支付赔偿款、赔偿损失。

去年假燕窝事件后，上述 2 家公司受到了市场监管部门的行政处罚，但彼此之间的责任并未厘清，辛选公司垫付的数千万元赔偿款该由谁支付也没谈妥。本次裁决，意味着在这起案件中，辛选一方胜诉，可向融昱公司追偿。但这并不代表假燕窝事件出现所谓的“实质性反转”，更不会洗脱辛选公司对消费者应负的责任。

很少有人注意到，辛选假燕窝事件于去年发生时，市场监管部门是依据反不正当竞争法，认为主播仅凭融昱公司提供的“卖点卡”等内容，加上对商品的个人理解，即对商品直播推广，强调商品的燕窝含量足、功效好，而未提及商品的真实属性为风味饮料，存在引人误解的商业宣传行为，做出了罚款 90 万元的行政处罚。这一事实，不会因为仲裁对融昱公司和辛选公司之间的责任划分而改变。

裁决公布后，辛选公司发声吸取教训，建立卖点卡“三审制”，为假燕窝事件画上了句号。但直播带货行业还有不少问号：带货主播承担什么责任？平台承担什么责任？消费者权益谁来保护？

直播带货的商业模式里，带货主播和背后的公司相当于广告发布者甚至广告代言人。广告法规定，商品或者服务的虚假广告，造成消费者损害的，其广告经营者、广告发布者、广告代言人，明知或者应知广告虚假仍设计、制作、代理、发布或者作推荐、证明的，应当与广告主承担连带责任。

消费者隔着屏幕，无法对产品的真实性、可靠性、合法性进行鉴别，是基于对带货主播的信任、根据他们的推荐购买商品。主播从带货行为中赚取巨额提成，就应当承担审核、鉴别、把关等“应知”义务。

假燕窝事件发生时，虽然直播带货在广告营销领域已成风尚，但对这个“孩子”广告法能不能管、该怎么管，还没有明确说法。

假燕窝等多起直播带货引发的问题，促使国家网信办等七部门联合发布《网络直播营销管理办法（试行）》（以下简称《办法》），已于今年5月25日起施行，对直播营销平台、直播营销人员、直播营销人员服务机构各自应承担的责任进行了划分。

例如，《办法》明确规定直播间运营者、直播营销人员发布的直播内容构成商业广告的，应当履行广告发布者、广告经营者或者广告代言人的责任和义务。并规定，直播间运营者、直播营销人员与直播营销人员服务机构合作开展商业合作的，应当与直播营销人员服务机构签订书面协议，明确信息安全管理、商品质量审核、消费者权益保护等义务并督促履行。这就压实了主播作为广告发布者的审核责任与“应知”义务。

对于直播平台的责任，《办法》提出，直播营销平台应当与直播营销人员服务机构、直播间运营者签订协议，要求其履行对直播营销内容、商品和服务的真实性、合法性审核义务。这些条款提醒直播带货从业人员及平台要承担主体责任，合规经营，重视消费者权益。

还要看到，直播间里的假货和虚假宣传，源头在直播间外，有时还有标准缺失等企业无法解决的问题。市场规模已经十分庞大的直播带货行业，更要靠净化市场环境、维护市场秩序来提升供应链品质。货好，直播带货才能真的好。

（刊发于 2021 年 7 月 21 日时评版）

鸿星尔克怎样才能活到2140年？

自己还在亏损却向河南灾区捐出5000万元物资后，沉寂已久的鸿星尔克得到了消费者的野性“宠爱”，原本顾客寥寥的直播间涌入上千万“粉丝”。

网友们还发现鸿星尔克多年来大方捐款，却“吝啬”得连微博会员都舍不得开，于是自发替它把微博会员充到了2140年。届时，鸿星尔克140岁，是不折不扣的百年老店。

虽然眼下受到网友追捧，但鸿星尔克想风风光光地活到2140年也没那么容易。

首先，要对中国市场保持信心，坚定地与国家站在一起。投资界有句名言，投资就是投国运，做实业也一样。中华民族正走向伟大复兴，建立起统一开放、竞争有序的市场体系。欣欣向荣的中国完全有能力培育出自己的百年企业，但只有真心实意与这片土地一起成长，才能得到人民的真心厚爱，分享14亿多人的内需大市场。

其次，要研究消费升级与产业升级的趋势。技术进步从不停歇，消费者需求不断变化，宛如浪头打来，每一次都有企业甚至龙头企业被淘汰。一个企业要想每次都乘风破浪前行，挑战极大。

鸿星尔克面对来自四面八方消费者澎湃的“爱”，切莫盲目乐观，需要从产品到运营等方面入手，尽快补齐短板。有网友给鸿星尔克提建议，如不用饱和色、设计简约一些、提高图片质量。下一步，还有产业互联网、智能化制造、个性化定制等产业升级的浪潮，得抓紧跟上。

要重视产品和服务质量，不做侵害消费者权益的短视之举。产品是企业的立身之本。鸿星尔克质量不错，有消费者说自己十几年前买的鞋子现在还没穿坏。21 年攒下的好口碑一定要保持住，不要因为订单多了就放松对质量的要求。

别看消费者现在说“鞋底子掉了我也不退货”，可到货后鞋子真要出质量问题，他们一样会在网上吐槽。网络舆情能让企业一夜间重回舞台，也会让企业顷刻间如坠深渊。鸿星尔克如今也算网红了，更要爱惜自己的羽毛。

这次河南灾情中，还有很多自身境况不佳的民族企业大方捐赠，比如亏损的贵人鸟捐了 3000 万元；正在破产重组的汇源果汁捐了 100 万元。还有白象方便食品、蜜雪冰城等，都有不俗表现。

这些快消品牌因为消费者“支持成本”低，关注度迅速转化为销量。近几天，鸿星尔克等品牌销量暴涨，有的景区还宣布将为使用“鸿星尔克”等品牌的游客提供优惠，在全社会掀起了“我用国货我光荣”的潮流。

对以鸿星尔克为代表的这次国货爆红，我们不只能当段子看，它很可能是国货品牌力量的分水岭。消费者买国货不再是没钱凑合，而是自豪地主动选择；当然，也不能当神话看，鸿星尔克们只是千万个中国企业的缩影，市场主体成长中会遇到的坑、要守的规矩，他们同样不会例外。

国货崛起需要支持与爱护，更需要企业自身努力。鸿星尔克们得明白，消费者被特殊场景激发的能量，支撑不了企业未来 100 年的发展。爱国心、民族情带来的溢价终将回归产品本身。消费者在热情的最高峰买爆鸿星尔克、蜜雪冰城、汇源果汁、贵人鸟不稀奇，但接下来能不能让消费者在购买相关商品时，还能想到自己，甚至成为消费者的首选，才是这些企业能否活到2140年的关键。加油吧！

（刊发于2021年7月28日时评版）

校外培训机构转型路在何方?

“双减”政策出台已经一周了。度过了最初的惊慌，一切似乎没什么两样：暑期班还在正常开课，聘用境外师资的外教培训仍在继续，教育类上市企业的股票有所回升。

然而，平静的水面下，市场正紧盯着各试点地区即将制定的实施细则——学校工作日会不会延迟到五点半放学？不合规行为能有多少过渡时间？家长不接受该如何退费？

在忐忑等待的焦灼中，“好未来”“新东方”“猿辅导”必须做几道艰难的选择题。

首先要想清楚，是彻底转变过去的商业模式，还是搞点“换汤不换药”的小动作？这本来不该是个问题，红头文件摆在那里，没有商量的余地。但小学到高中学习阶段有择校和升学的压力，学科培训的钱比较好挣。就拿“好未来”来说，旗下那么多子品牌，但知名度最高的还是主做学科培训的“学而思”。其他校外培训机构情况类似，甚至不惜通过虚假宣传贩卖焦虑，让原本不需要培优的学生也抢着报名。

现在，要舍弃最挣钱、最熟悉的业务，对校外培训机构来说不啻于砍去左膀右臂。有的机构尝试转型，但效果如何有待观察。如果新业务撑不起整改后的利润空间，受利益驱使和习惯使然，部分机构难免会有试图“挂羊头卖狗肉”的转型之举。有的机构宣称“遵守政策不留作业，但建议配合巩固练习”，还有段子说“夏令营的体育老师都是数学系高才生”。这显然不符合“双减”政策初衷，需要监管部门重点关注。

校外培训机构过去的商业模式是一边制造焦虑，一边治疗焦虑，本身就不值得提倡。长远一点想，家长虽然舍得为学科类培训花钱，但盯着家长钱包的对手也多，诱人的“糍粑”吃起来烫嘴得很。若能挣脱恶性竞争的死海，找到消费者需要、市场又没有供给的新服务，也许又是一片蓝海。

可是，蓝海到底在哪里？每个机构的积累、资源、特长不一样，所处地域也不一样，很难有统一答案，更加考验机构的决心和智慧。但必须提醒的是，校外培训机构切勿“病急乱投医”，尤其不能再陷入广告烧钱的畸形循环。

近一段时间，校外培训机构已经开展了“自救”努力，有的转战素质教育，有的看中了公务员考试，还有的一头扎进财商教育，相关广告投放有所增加。不是说不能靠广告获客，但转型这些领域看似可平滑过渡，实则有很高的专业“门槛”。如果没有可持续的商业模式，不往对社会有益的发展方向，反而又回到买流量获客的老路上，校外培训机构账上现金再多，也禁不起坐吃山空，还容易撞到虚假广告、不正当竞争的枪口上。对此，校外培训机构需要认真评估。

校外培训机构今天的问题是企业、学校、家庭和社会共同造成的。校外培训机构正在艰难转型中，其他主体既不要跟风式迷信，也不用“一刀切”抵触。“双减”政策提的是“规范培训服务行为”，而不是连根拔起。家长和学校可以根据自身状况，认真想想为什么要送孩子去培训班，孩子到底需要什么样的学习环境，能不能购买培训服务做一些有用的事情？如果各方面都能跳出旧模式，没准儿真能创造出学生、家长、学校和企业都满意的美好未来。

（刊发于 2021 年 8 月 4 日时评版）

宁德时代起诉中航锂电看点在哪里？

前不久，全球新能源动力电池“一哥”宁德时代把同行中航锂电告了，称中航锂电涉嫌侵犯自己的发明与实用新型专利。排名全球第七的中航锂电则表示，已向国家知识产权局提交了涉诉专利的无效宣告请求，将按法律程序应诉并不惧挑战。

孰是孰非，现在难以判断。在信息不充分的情况下，对这起官司的解读出现了不少“阴谋论”：有的认为宁德时代借题发挥，实质是为了阻止中航锂电上市；还有的称中航锂电发展迅猛，已有取代宁德时代之势，所以被后者以“专利战”阻击。

其实，关于“阴谋论”的种种猜测，不应成为市场关注的重点，真正值得关注的应当是基于知识产权展开的市场公平竞争，换言之，应该是企业核心竞争力在阳光下的公开博弈。

就这起法律纠纷而言，依据专利法，包括宁德时代在内的专利权人如果认为专利权被侵犯，可以向人民法院起诉，也可以请求管理专利工作的部门处理。从公开信息看，中航锂电大股东成飞集成也没有异议，仅表示“公司积极支持锂电科技依法维护其合法权益”。至于中航锂电请求宣告专利无效，也是专利官司中比较常见的做法。

专利官司专业性强，耗时持久，短期内不会出结果。但这场官司透露的隐藏信息——“中国制造”的竞争已经从拼“外貌”转到拼内涵，企业现在就得重视起来。

此前，大家熟悉的知识产权纠纷主要涉及商标品牌和外观设计，比如南北稻香村、加多宝和王老吉、中国红牛和泰国红牛等。随着创新成为引领发展的第一动力，企业之间的知识产权纠纷正从外在的商标品牌、外观设计进入核心专利层面。这在一定程度上折射出“中国制造”竞争力在提升。

当然，不是说专利官司就高级，商标、外观设计官司就低一等。在激烈的市场竞争中，不管发明专利、商标还是外观专利，每一件知识产权都是企业进攻的利剑，也是防守的盾牌。过去，外国企业多次对中国企业发起知识产权官司，让我们吃了不少亏。

吃过这些亏，在一定程度上倒逼着中国企业成长。以动力电池为例，我国已经领跑全球，特斯拉就大量使用宁德时代的电池。据媒体不完全统计，宁德时代及关联公司在 126 个国家和地区共申请 6199 件专利，中航锂电也有 1165 件。正因为有专利傍身，两家企业发展才如此迅速，才有实力发起专利战和应对挑战。

很多国家正加速普及新能源汽车，动力电池市场竞争是全球性、全方位的，企业需要在全球范围内维护自身权益，只不过这起官司的当事双方恰好都是中国企业。目前全球动力电池还在探索各种可能，一些外国企业正与中国有关企业激烈竞争。也许下一次听到动力电池的官司，当事双方就将出现在他们中间。

不只是动力电池，在其他很多高新领域，中国企业也将与国际同行正面对撞，需要尽快提升在全球范围内应对知识产权挑战的能力。海外知识产权中心的建设也要跟上，为中国企业提供援助，让中国企业有意识、有底气、有渠道依靠知识产权开路，通过法律手段维权。希望将来知识产权再也不是“中国制造”的绊脚石，而能够成为“中国智造”的垫脚石。

（刊发于 2021 年 8 月 11 日时评版）

网约车洗牌，规矩不能坏

在滴滴离开聚光灯的日子里，美团打车、高德打车、T3出行等多个企业高调争抢市场。巨额补贴下，消费者又开始晒出几块钱就能打车、甚至免费打车的订单。网约车行业似乎重回多年前的起跑线。

随着第二梯队你追我赶，各种新旧问题交织出现。据黑猫投诉统计，滴滴下架后，7月高德打车投诉环比增加168%，同比暴增1131%；T3出行投诉环比增加23.2%，同比暴增1162%；美团打车投诉环比增加68.9%，同比增加300%。

从投诉问题来看，有的是因为服务和管理跟不上快速扩张的脚步，扯出了新问题，且司机端和消费者端都有。例如，有司机投诉有关出行平台为了拉新客户推出的“全天免佣活动”实际并不免佣；还有打车用户称打车金无法使用；另有大量用户投诉未使用打车服务却被无故扣款，不知是什么缘故。

有的是已有解决方案的老问题又出现在新平台。比如，有消费者投诉打车平台车辆没有录像，导致自己手机遗失后无法找回。还有消费者发现网约车司机在正常收取远程费后，又哄着老年乘客支付了高额返程费，甚至还有消费者投诉网约车司机以“扣押行李”威胁自己支付返程费。

消费者投诉最集中的是实际价格比预估价高、司机不按时来接、不按定位来接等。这些问题在有关平台均存在，特别是某些聚合类平台，对网约车和司机的管控力度不够强，解决问题的渠道不够畅通。

网约车行业的整体合规率也不容乐观。据全国网约车监管信息交互平台统计，截至6月30日，全国共有236家网约车平台公司取得经营许可，但13家月订单量超过30万单的平台中，竟有9家订单合规率不足60%。

网约车行业关系消费者出行便利乃至生命财产安全，参与者无论大小，无论新旧，都应被一视同仁地管起来。

行之有效的经验要及时推广。有些经验不是某个企业的流程，而是全国数亿消费者用真金白银乃至血泪代价换来的宝贵经验。比如车内录音录像功能，是当年“顺风车事件”后上线的，遗失物品送回功能是根据多年的乘客失物找回需求开发的。这些保护司乘安全与财产安全的有效手段，各个平台应当“标配”。

已经出台的政策应抓紧落实。消费者和司机并不固守一个平台，会根据价格、便利性随时变换。只有整体合规，才能推动行业良性发展，保障消费者权益在各个平台不受侵犯。尤其是消费者反映强烈的差价问题，监管部门应要求平台公布估价标准，保障消费者知情权。

至于价格补贴，可以再观察观察，不必急于干预。网约车就算补贴略高，也不会对公交车、地铁等形成过大冲击，而司机和消费者又是自由流动的，哪家服务好，他们会用脚投票。目前，靠巨额补贴抢占份额、合并上市的“出口”已经被管住了，资本自己会算账。不管身处哪个梯队，网约车企业必须明白：行业内部可以重新洗牌，但该有的规矩绝不能坏。

（刊发于2021年8月18日时评版）

就让14亿监督1.4亿吧

现在有一个既能“替天行道”又能大赚一笔的机会，你要不要？最近，市场监管总局联合财政部出台了《市场监管领域重大违法行为举报奖励暂行办法》（以下简称《举报奖励暂行办法》），提出如果社会公众对涉及食品安全、药品安全、产品质量，或者其他具有重大社会影响、具有系统性风险的问题及时举报，查证属实后，可予以奖励。

奖金颇具吸引力：属于一级举报奖励的，按罚没款的5%给予奖励，保底至少5000元；最低的三级奖励，奖金1000元起步；如果案件特别重大，奖金最高可达100万元。

每年都有餐厅、超市被爆出食品安全问题，有药品、化妆品企业因为质量问题被罚款，近日市场监管总局连开6炮，点了蜜雪冰城、奈雪的茶、大润发等6家企业的食品安全事件。这些问题，有的是监管部门在抽查中发现的，有的是媒体卧底曝光的。但面对全国1.4亿户市场主体，仅靠监管部门“管”“罚”和媒体曝光远远不够，难免有漏网之鱼。尤其食品、药品等领域，专业性高、隐蔽性强，不是内部人士很难掌握情况。

怎么办？那就让14亿人监督1.4亿户市场主体，特别是鼓励内部人士当“吹哨人”，规定内部人员举报可适当提高奖励标准，构建社会公众参与、市场主体自律、市场监管执法相互协调配合的多元共治格局。

算一算，外卖小哥风雨兼程送一单外卖只挣五六元钱，如果举报一家黑心餐厅可获奖 1000 元或者更多，他干不干？大概率是干。还有超市员工，辛辛苦苦干一个月才四五千元，如果举报超市存在变质肉灌香肠等行为，至少可获奖 1000 元，他干不干？估计也有人会干。

据说全国有 1000 万名注册外卖小哥，餐饮服务人员、企业员工远高于此，如果把这股力量动员起来，何愁盯不住几个违规企业？还有千千万万个普通消费者，当我们有意识、有渠道、有积极性举报各种市场监管领域的违法行为，不法商家一定会感受到高压震慑。

针对重大违法行为，《举报奖励暂行办法》要调动社会公众和内部人士的积极性，还应进一步细化有关举措，有条件的地区可结合实际出台地方版，适当降低“门槛”，覆盖一些不那么重大但影响恶劣的行为。例如，福州市就出台了《网络餐饮服务从业人员食品安全违法行为举报奖励办法》，鼓励餐饮从业人员举报商家存在的脏乱差、使用变质原料等违法行为，一经查实，最低奖励 400 元，最高奖励 50 万元。别看奖励金额小了，但能拿奖金的人多，愿意参与的人就多，照样能够使违法主体心存敬畏、行有所止。

举报制度过去也有，普通人不愿“多此一举”，除了缺少激励，也担心惹祸上身。因此，还需完善保护制度让知情人敢举报。《举报奖励暂行办法》规定实名举报和匿名举报均可，并提出省级市场监督管理部门可制定匿名举报奖励发放的特别程序。这将有利于那些有正义感的知情人跨出勇敢的一步。

另外，也要加强对“假举报”“滥举报”等行为的监督管理，避免举报成为恶意诽谤的工具。《举报奖励暂行办法》规定了举报人故意捏造事实诬告他人，或者弄虚作假骗取奖励资金的，依法承担相应责任；涉嫌犯罪的，依法追究刑事责任。具体实践中，还可把后续线索的核实情况跟公民信用结合，对高质量的举报加权加分，无效恶意的举报减权扣分，激励举报共治。

《举报奖励暂行办法》将于今年 12 月 1 日正式施行。那些能领到有关举报奖金的人里，会有你吗？

（刊发于 2021 年 8 月 25 日时评版）

莫让超前点播滑向“朝钱”点播

对有的会员来说，热播剧《扫黑风暴》8月31日已经大结局了；对有的会员来说，才更新到第24集。区别在于，是否愿意在会员费之外，再付出每集3元的超前点播费。消费者吐槽自己的会员“提前看”权益买了个寂寞，上海市消保委也于近日发声，认为腾讯视频漠视消费者选择权，再度将“超前点播”推上风口浪尖。

超前点播本身是合法的。2020年法院在《庆余年》超前点播案中已做出终审判决，认为超前点播是“商业模式的探索，本身不违反法律规定”。这一表态被多个视频平台当作超前点播的正当性依据广泛传播，堵了消费者的嘴。

然而，视频网站“忘了”告诉消费者，法院还说了：老人老办法，新人新办法。在涉及爱奇艺、腾讯视频的两起《庆余年》超前点播案中，法院均表示，如果消费者与平台签订会员合同时并无超前点播等条款，后期以格式合同模式更新协议、新增超前点播等影响消费者权益的服务构成违约，不对原有会员生效。

超前点播是2019年底新推出的付费服务。这就意味着新协议对此前已开通VIP会员且一直在有效期内的消费者不发生法律效力。老会员有权要求平台继续向自己提供已更新剧集的观看权利，包括需要付费的超前点播剧集。

这部分人群其实不多。因为会员有效期通常是一年，除了那些开通连续包月、包年的用户，其他人到期后都要重新购买，此时就得再勾选同意一个新协议。而平台往往试图通过协议来获得自己假装有其实并没有的权利。比如，规定平台有权随时调整会员权益，一经发布即刻生效，用户一旦继续使用就视为“已经仔细阅读并接受更新后的 VIP 特权”。用户不接受也没得选——协议规定，VIP 会员不支持退费。变更有理，退款无门，摆明吃定了消费者。

这份熟悉的配方不只出现在视频平台，不少互联网企业的电子协议里都有此类单方面利好企业的条款。有的连会员续期都等不了，干脆后台直接更新条款，以协议形式暗自缩水服务。消费者只能在推送通知里点击同意，不知情的情况下，权益就受损了。

企业想多挣钱无可厚非，公众多元需求应当满足。企业基于技术发展、商业运营等因素，调整服务内容有合理性。基于互联网企业远程服务、大规模服务等特点，后台升级、单方变更，形式上并无不妥。但是，单方变更绝不能损害用户权益。后增加的超前点播等服务本质上是原有会员权益的贬值，使得老会员本应享受的服务体验远远低于预期，损害了会员主要权益，法律并不支持。

3 块钱事小，消费者事大。超前点播正在滑向“朝钱”点播。如果放任不管，难保平台今后不会变着花样继续缩水。单个消费者没有精力与平台打官司，消费者的合法权益不应如此被漠视。

平台不要推脱做不到。互联网企业号称能实现“千人千面”，技术能力完全可以运用到会员合同变更、权益解锁等各个环节。互联网企业可以且应当全面、有效地运用相关技术，提高服务质量。

除了视频平台的超前点播，互联网企业今后还会有其他创新。监管部门应督促有关企业在遵守法律规定、尊重用户合法权益和使用感受的基础上推出新服务。会员总会变老，模式永远更新，但消费者知情权、选择权和公平交易权应是不变的红线。

（刊发于 2021 年 9 月 1 日时评版）

抓住撒谎的加拿大鹅

主要填充物是普通鸭绒，动辄要卖上万元一件，加拿大鹅牌羽绒服卖的是保暖费还是智商税？据报道，“加拿大鹅官方旗舰店”实际经营者希计（上海）商贸有限公司因虚假广告，被上海市黄浦区市场监督管理部门罚款45万元。

加拿大鹅走高端路线，宣称“所有羽绒混合材料均含有Hutterite羽绒，这是优良且最保暖的加拿大羽绒”。虽然大多数消费者不懂“Hutterite”是什么意思，也不知道它是不是“最保暖”，但必须承认，这个英文单词给品牌增加了“不明觉厉”的格调。2020年，加拿大鹅天猫旗舰店点击量达1.81亿次，销售额达1.67亿元，相信不少人是被广告“种草”。

然而，监管人员询问专家后得知，在禽鸟品种相同的情况下，羽绒的品质和禽鸟的成熟度有关，和产地、气候无关。强调“Hutterite”产地来彰显羽绒的保暖性，并无事实依据。

监管人员查阅加拿大羽绒协会的海外官网，发现有一种蓬松度1000的羽绒，它才是测试以来加拿大最高品质的羽绒；还查阅了加拿大鹅羽绒供应商的海外官网，确认其知晓存在蓬松度1000的羽绒，而加拿大鹅向其采购的羽绒蓬松度最高仅为800。

被老家的合作伙伴官网打脸，这就尴尬了。监管人员还发现，就算所谓的Hutterite羽绒很保暖，加拿大鹅销售的190款羽绒服装中，蓬松度达到800的鹅绒服占比也仅为9.5%，蓬松度625的普通鸭绒服接近七成。监管部门据此认定，希计公司的广告语以偏概全，与事实不符。

可以看出，希计公司利用专业知识编织的说辞很隐蔽。能戳破其谎言，体现出我国市场监管部门的执法能力和国际化水平显著提高。监管人员没有被满屏的专业英语难倒，在多个海外网站中寻找真相，才能隔着太平洋，抓住撒谎的加拿大鹅。

我国正在着力打造市场化、法治化、国际化的营商环境。这既是对监管部门的要求，也是对所有市场主体的考验。随着营商环境与世界接轨，监管水平对标国际先进，再考虑到中国消费者迅速成长，见识多了，真假洋品牌惯用的手段已不怎么见效。

此前，多个国产品牌因为名字和产品介绍硬要“蹭洋气”而“翻车”。部分真的洋品牌还涉嫌“双标”，在中国市场降低标准，比如，梦龙雪糕就被网友爆出在国外使用牛奶，在我国却使用低价的植脂。至于那些在国外不过是超市商品，在国内却假扮高端的品牌，更是一个个被识破。消费者逐渐明白，洋品牌不一定代表高质量，也可能是借着信息不对称，忽悠一个算一个。

加拿大鹅可能没有认真学习过中国的广告法，也忽略了中国市场的变化。它最初被立案是因为使用了广告法禁止的“最高级”用语。用虚假广告欺骗、误导消费者，是它此次被罚的主要原因。同时，监管部门还督促其纠正了利用格式条款排除消费者正当权利的违法行为。希望所有企业，无论中资外资，都应以此为戒，只要在中国经营，就要遵守中国法律。

外国的月亮没有更圆，外国的羽绒服也没有更暖。不管是给自己起个洋名字，换个洋产地，还是大搞洋品牌溢价甚至虚假宣传，都不是正道。企业应当赢在产品和服务上。近几年，消费者对洋品牌不再迷信，中国品牌正在崛起，大有我用国货我光荣的势头。中国企业应当抓住机会，加强研发、优化经营，用堂堂正正的国潮与洋品牌公平竞争。

（刊发于 2021 年 9 月 8 日时评版）

乐见环球影城开门迎客

9月14日，北京环球影城正式开启售票。开售半小时内，各渠道不只中秋门票秒光，连无限次优速通也宣告售罄。

虽然出身好莱坞，但环球影城来北京后也在学“中国话”：酷爱唠嗑的变形金刚、努力用中文沟通的哈利·波特、功夫熊猫他爹做的老北京炸酱面……每一处“示好”的表达，都得到了中国消费者热情回应。

对于这种能满足人民群众对美好生活向往的产品和服务，只要他们尊重中国消费者、遵守中国法律法规，不管他们来自哪个国家或地区，中国市场一向乐见其成。中国政府深化“放管服”改革，对内外资企业一视同仁，环球影城就是受益者之一。

在环球影城建设初期，所在地北京通州区市场监管局就与项目运营机构建立了对接合作机制，提前介入知识产权保护、特种设备、餐饮场所规划设计等工作。早在今年4月，根据商标权利人提供的线索，监管部门就查处了一家未经许可擅自使用“环球影城”字样用于宣传的酒店，维护了商标权利人的权益。

今年5月，通州区市场监管局文化旅游区分局正式揭牌，承担起环球影城主题公园项目的特种设备安全监管、证照审批、食品药品、知识产权、价格监督等监管服务职责，环球影城主题公园及其周边的经营者在办理营业执照和相关许可证审批过程中可就近申请和办理。

“送上门”的主动服务减少了环球影城的“水土不服”，帮助其尽早开园营业。作为一个大型主题公园，环球影城有大量过山车、旋转机和升降设备。为了保障游客安全，这些特种设备必须全部通过监管部门的检测，才能投入运营。如果按过去的办法，程序复杂、耗时漫长，开园时间将遥遥无期。通州区市场监管局专门建立了“环球影城特种设备管理系统”，对园区的450多台特种设备实行智能化、精细化管理。比如，创新了对大型游乐设施的有效期管理，单独设置环形图显示剩余有效期，做到一目了然；自动发送约检提示、申请检验，设置安全管理树状图等，有效解决了环球影城数量庞大的特种设备监管问题。

没有市场监管部门一系列的主动作为与创新服务，环球影城不一定能及时完成证照办理和设备内测，那可就错过了最赚钱的中秋假期与国庆黄金周。估计哈利·波特也得承认，中国的“放管服”改革堪比魔法，点“时”成金，厉害得很。

外国资本看重庞大的中国市场，中国市场欢迎友好的外国企业。北京环球影城是首旅集团和美方共同建设运营的。通过合作，外国企业能够在中国赚钱，中国企业能够学经验，中国消费者多了一个休闲娱乐的好去处，可谓互利共赢。目前业内对环球影城较快收回前期成本保持乐观，环球影城选择中国是选对了。

同时必须提醒，监管部门正在完善事前、事中、事后的全链条监管，将依法严惩那些不尊重消费者、不遵守法律法规的企业。近几年，已有数十个知名品牌被罚，国内品牌有云南白药、奈雪的茶、大润发、钟薛高等，国外品牌有加拿大鹅、香奈儿、迪卡侬、普拉达等。执法必严、违法必究，企业不可心存侥幸。

前有迪士尼，现有环球影城。中国市场正在经历消费升级、加强知识产权保护、增强政策透明度和可预期性，还有巨大潜力可挖。如果企业愿意与这个全球最具潜力的消费市场一起成长，中国的大门一直是敞开的，“中国魔法”将继续为所有市场主体助力。

（刊发于 2021 年 9 月 15 日时评版）

叫停槟榔广告很有必要

近日，国家广电总局宣布立即叫停利用广播电视和网络视听节目宣传推销槟榔及其制品。可能有人对槟榔还不熟悉，觉得这份通知很突然。槟榔是世卫组织确定的一级致癌物。2017 年，原国家食品药品监督管理局公布的致癌物清单中，槟榔果和槟榔嚼块均被列入一级致癌物，与砒霜（砷）并列。

医学界对嚼槟榔和口腔癌之间的关系有共识。国家卫健委发布的《健康口腔行动方案（2019—2025 年）》中，将咀嚼槟榔与吸烟并列为两大口腔疾病高危行为，强调“在有咀嚼槟榔习惯的地区，以长期咀嚼槟榔对口腔健康的危害为重点，针对性地开展宣传教育和口腔健康检查”。至于危害究竟有多大，图片触目惊心，感兴趣的可自行搜索。

然而，就是这容易致癌的槟榔，在热门网络综艺和视频热播剧里却能频繁做广告，不仅宣称提神醒脑、常备无患，甚至还打出了“有枸杞更养生”的概念，全然不提槟榔外包装上明晃晃地印着“长期过量咀嚼，有害口腔健康”。

皮裤套棉裤，必定有缘故。一种自己都承认有害的商品，却能够到处做广告，而且主要面向年轻人进行诱导式传播，背后首先是经济账。巧了，湖南卫视所在的湖南正是我国食用槟榔的主要加工地，目前广告投放最火热的品牌都来自当地。业内估计湖南槟榔产业总产值达300亿元，超过50%的人习惯嚼食槟榔。只要舍得花钱，槟榔也可以是大金主。

其次，槟榔企业有一定工艺改进，据说是去掉了槟榔碱含量最高的槟榔核，同时经过浸泡等工序，降低了槟榔碱成分，比过去更安全。某槟榔企业还被评为国家高新技术企业、省级企业技术中心。实际危害可能比想象的小，这也许是槟榔被获准做广告的原因之一。

当然，最重要的一点是广告法明令禁止香烟广告，也禁止酒类广告出现诱导饮酒的内容，且不得明示或者暗示饮酒有消除紧张和焦虑等功效，却没有提及槟榔。按照“法无禁止即可为”的原则，就算明知槟榔有害，槟榔做广告也不犯法，广告经营者更犯不着拒绝送上门的业务。

近几年，槟榔广告四面开花，把“提神醒脑”的槟榔卖给了很多原本不好这一口的人，各大品牌的销量迅速增长。电商平台上，有的产品回头客上万。可是，有多少消费者是在充分了解槟榔之后理性购买的呢？

在湖南、海南等地，槟榔已成了一种文化，还被列入湖南省级非物质文化遗产名录，背后是百亿元产业和几十万人的就业。但槟榔有害健康也是不争的事实，国家和个人救治口腔癌的花费同样是巨资。在争议尚未解决之时，对槟榔产业不宜一棍子打死，但也不能像灰堆里的豆腐，吹不得打不得。

医学界认为槟榔致癌，一些企业界人士宣称新技术能让槟榔安全有保障，各执一词。相关部门应及时介入，用科学客观、公开公正的检测数据为槟榔定性。它是毒、是药还是食品，得有个说法；在此基础上，应抓紧制定监管办法，是禁、是管还是放，要用科学说话，以法律为准绳。

叫停槟榔广告很有必要。有争议的槟榔，配不上太洗脑的广告，尤其不能让不明就里的未成年人被误导，冒着危害健康的风险去追这种时尚。在结论出来前，槟榔广告应当先静一静为好。

（刊发于 2021 年 9 月 22 日时评版）

方便之门绝不是偷窥之门

一直怀疑被 APP 偷窥的消费者似乎找到了证据——近日，有网友利用苹果 iOS15 的“记录 APP 活动”功能，发现美团 APP 连续 24 小时对其定位，每 5 分钟一次。该网友忍不住问：“太恐怖了，这是要干什么？”

拥有 12 亿用户的微信同样被发现在后台反复读取用户相册。此外，还有多名用户通过“记录 APP 活动”功能，发现淘宝、QQ、微博、搜狗输入法等都在后台对用户反复定位或读取相册。

对此，微信回应称这是系统在相册发生内容更新时通知微信，提醒微信提前做准备，这明显是变相承认读取信息属实，只不过初衷是“方便用户”。美团“工程师”回应重点落在该款读取软件系境外人员研发，安全性和保密性存疑，但并未否认真实性，只是强调大部分主流 APP 都会被检测出此类情况，自己不是唯一的“出头鸟”。

一段时间以来，APP 过度收集用户信息已不是新闻，主管部门曾多次通报相关案例。有些企业涉嫌打着“方便用户”的旗号，凭借技术优势过度收集用户信息，而用户对此一无所知，或者找不到真凭实据。这次引起轩然大波，一是因为主流应用涉及众多，且读取太过高频；二是普通消费者终于有了看得懂的工具，技术抓住了技术的小尾巴，用户这才发现 APP 居然对自己爱得如此“深沉”：美团每 5 分钟定位一次用户，操心的老父亲惦记晚归的女儿也不过如此；微信在后台多次悄悄读取用户相册，让总想翻看孩子日记的老母亲羡慕不已。可是，父母关心孩子是血脉亲情，且不会随意越过子女隐私的边界。

难道 APP 背后的企业比亲爹亲妈更关心用户？显然不可能。那就得追问，APP 24 小时定位用户意欲何为？谁来监管？消费者如何维权？

APP 过度收集用户信息是一种内卷，为了提升用户体验，不考虑用户成本随时唤起随时收集。收集的信息越多，用户画像就越精准，能开展的经营活动就更多，获利更丰厚。还有一小部分企业是因为无知或者懒，利用现成的集成服务开发 APP，其中内嵌了信息收集功能，可能它自己都不知道。当然，根本原因是此前没有专门的法律规范用户信息收集行为，企业越界不犯法，很少受惩罚，缺少整改的意识和动力。

近几年，国家连续出台一系列保护个人信息和数据安全的法律法规。数据安全法已于今年 9 月 1 日起施行，个人信息保护法将于 11 月 1 日起施行，其中明确收集个人信息，应当限于实现处理目的的最小范围；处理个人信息应当与处理目的直接相关，采取对个人权益影响最小的方式。即使有用户授权“始终允许”APP 收集信息，但用户不可能时刻看照片，也不会一直点外卖，并不需要 APP 随时待命，APP 要求的“始终允许”实际上违背了上述“最小”原则。

对于部分顶风作案的 APP，监管部门应要求企业自查自纠，及时整改，将此次曝光作为一次普法、执法的契机。同时，监管部门还要提高技术水平，不能监管对象“开跑车”，而监管人员还在

"蹬自行车"。应用商店和第三方平台也应当负起主体责任，帮助用户和监管部门发现违规操作。便利用户与侵犯隐私之间是有界限的，应当尊重消费者知情权与选择权。方便之门不是偷窥之门，绝不能放任 APP 偷窥用户。

（刊发于 2021 年 10 月 13 日时评版）

请家长们关注校外培训新版合同

最近，教育部和市场监管总局联合“上新”了2021版《中小学生校外培训服务合同（示范文本）》，可惜注意到的人不多。某些培训机构可能巴不得没人关注这份合同，但消费者应该重视，因为它解决了家长们最担心的机构卷款跑路和退费问题，是消费者维护自身权益的重要保障。

合同开篇便以“特别提示”强调，预收费须通过银行托管或风险保证金方式全额纳入监管范围。第二条“培训收费”又设置了开户银行及账号一栏，家长们把钱直接打进银行监管账户，相当于放进了有官方监督的“保险柜”，机构再不能随意挪用。

对此，眼下忙着向精锐教育追讨学费的家长们应该深有感触：据统计，截至2月28日，精锐教育收取的预付学费余额超过27亿元。如果当初报名时能落实示范合同，损失本可以避免。

再看退费问题。“双减”政策出台后，大量学生不适应线下课转线上课，或无法在周一至周五挤出时间上培训班，需要退费。目前，部分校外培训机构支持一键退费，消费者只要在APP上申请，很快就能退还扣除教材费后的剩余课时费，还算方便、合理。

然而，也有些机构压根儿不打算吐出吃到嘴里的肉。还有机构在培训协议里埋的伏笔是高额违约金和超过90天不再退费。且不说退费本就是国家政策强调的消费者正当权益，更关键的是，有的培训机构此前往往提前一两年就开始推销多达数百节的课程，且2018年国家划出红线后拒不改正，继续违规售卖超过3个月及60个课时的课程包。这就导致很多消费者买了价值数万元的课程还未启用，就已经失去了退费资格，受到消费者大量投诉。

如果当初消费者跟企业签的是新版示范合同，根据合同中白纸黑字印着的“每科不得一次性收取超过60课时的费用且不超过3个月”，以及合同“培训退费”条款中明确规定正式开班前或开班后一定时间内提出退学的，有权要求全额退费，开班后申请提前退学的按照比例退费，是不是可以避免现在的困境？

合同虽好，重在推广。新版合同中的部分表述，2020版中也出现过，但由于当时没有做重点推广，导致大多数培训机构视而不见，示范合同没能发挥示范作用。很多时候家长掏出了真金白银，培训机构却在线下用薄薄一张纸糊弄消费者，线上用自我优待且无法更改的霸王条款约束消费者，不仅侵犯消费者知情权、选择权与公平交易权，还给卷款跑路留下了后路。

“双减”政策刚刚落地，新版合同出台不算太迟。主管部门已表态将把推广示范合同作为落实“双减”工作的重要环节，这是一个利好消费者的重要信号。企业应抓紧执行新版示范合同，或对照新版示范合同修改原有合同，调整APP界面和财务流程。今后，家长报班和主管部门抽查时，可重点关注培训机构是否执行了新版示范合同，将率先落实示范合同的企业优先纳入办学白名单。多年前曾有一句流行语，叫“你妈妈喊你回家吃饭”。现在主管部门、行业协会和家长可以一起喊话：“校外培训机构，国家喊你们回来签新合同。”

（刊发于2021年10月20日时评版）

毛肚缩的水去哪儿了？

海底捞的毛肚最近上了热搜，因为一位顾客到店用餐，点了一份 200 克的“脆脆毛肚”，可上菜后一称，只有 138 克。72 元的毛肚，少了三分之一。一时间，质疑海底捞缺斤少两的声音泛起。

去年，笔者曾去过海底捞后厨，知道他们已实现成品菜工厂直配，即大部分菜品在工厂加工装盘，冷链配送到店，客人点单后门店直接开盖上桌，从品质到分量都是统一标准。不过，当时并没有留意毛肚。

这次再到后厨，直奔毛肚，还真瞧出了眉目——原来，海底捞各门店用的脆脆毛肚均由指定工厂生产。成品泡在原液里以大包装形式配送，到店后开袋取出，过一遍冰纯净水再称重、装盘、上桌。毛肚是泡发物，不能离水太久，否则就会缩水变干。所以，海底捞要求现点现装盘，高峰期可提前装盘，但须 30 分钟内上桌。另外，按照管理规范，早晚班交接时须重点介绍菜品情况，哪些已沽清、哪些要促销，得明明白白记录在案。

然而，当天涉事门店早班工作人员深夜 12 点交班前，违反操作规范提前装盘了，放进保鲜柜后没有跟夜班交接；而夜班也没有按要求认真清点接手的菜品。凌晨 4 点消费者点餐后，这份缩水毛肚被端上桌，引起了争议。

说到这里，事情就基本清楚了：海底捞的毛肚缩水，是因为执行食品安全管理制度“缩水”了。虽不是故意缺斤短两，但操作规程“丢三落四”同样是食品餐饮企业的大忌，许多食品安全问题就是由一点漏洞、一次不经意导致。

食品安全无小事，品牌企业更要时刻谨记。近日，市场监管总局印发《关于加强连锁食品经营企业食品安全监管的通知》，强调食品企业总部要建立健全食品安全管理体系，有效发挥食品安全管理机构作用，督促门店严格执行食品安全管理制度、操作规程等。

结合近期大润发的臭肉、胖哥俩的死蟹、紫燕百味鸡的活老鼠等事件，可知这一提醒来得多么及时。海底捞等品牌企业大多是连锁企业，门店越多、人员越多，可能出问题的环节就多，影响的消费者也多。而且，品牌企业自带热搜体质，往往旗下某个门店出现问题，就会引发全网关注，对品牌造成负面冲击。

另外，连锁企业实力雄厚，与夫妻小店相比，更有条件建立健全食品安全管理体系，探索保障食品安全的新技术。比如海底捞就有智慧餐厅，85% 的菜品由生产线直发门店，盘底还有芯片，记录菜品名称、出厂时间、入库时间等。菜品到店后，由机器取餐、补菜，还会提示保质期。这种技术显著减少人的介入，从实践来看，这样更有利于食品安全闭环管理。如果能推广，缩水毛肚可能就不会出现在消费者桌上。

毛肚事件受到关注，多地市场监管部门深入当地海底捞门店督查。监管部门表示，今后一家门店有问题，同品牌所有门店都要强化许可审批，增加日常检查、抽检频次。严是严了点，但食品安全是 1，服务、营销都是后面的 0，没有这个 1，0 再多也是枉然。

（刊发于 2021 年 10 月 27 日时评版）

APP何苦“为难”APP

“双11”刚刚开始，“微信屏蔽淘宝购物车”就上了热搜：购物车分享到微信只有一串乱码，有的用户还发现微信里连复制键都消失了。很明显，淘宝购物车被中国最大的互联网社交平台手动“熄火”了。

用户需求“众口难调”，微信谨慎可以理解。笔者询问了几位微信好友，有人愿意分享，有人直言不愿意收到七大姑八大姨分享的购物链接。还有男士强烈反对，因为实在不利于逃避帮女友清空购物车。可是也有网友不解，为什么京东、本来生活的商品能够在微信里正常转发？

从反馈来看，网友们并非一定要看到淘宝购物车在微信里畅通无阻。在互联网平台互联互通政策出台后的第一个“双11”，他们真正关注的，其实是互联互通该如何推进。比如，支付宝能给微信发红包吗？百度能搜索微信公众号的内容吗？淘宝能购买拼多多和京东的商品吗？

不管APP们愿不愿意，用户需求就在那里。就拿搜索来说，现在很多医院、博物馆、文化馆受人力物力限制，精力只够运营微信公众号，提供预约服务、开闭馆信息和活动介绍等。就算家长只是想找一个周末有亲子活动的博物馆，也得关注七八个微信公众号。

如果这些公共服务信息能够被搜索引擎抓取，公共服务机构可以在不增加成本的情况下，让信息触达更多用户，社会公众也能够更便捷地获取自己需要的信息。

便捷获取信息与服务本该是互联网的初心。前一段时间，相关部门要求各大互联网公司解除“屏蔽网址链接”也有此考虑。矛盾的是，写 PPT、发财报的时候，各大平台都强调自己有海量用户，有先进技术；可落实整改要求的时候，平台们又“谦虚”地表示自己只是一个小小的软件，得慢慢来。

针对这一问题，国家市场监管总局近日公布了《互联网平台分类分级指南（征求意见稿）》，提出互联网平台拟按照用户规模等划分为超级平台、大型平台和中小平台三级。按照标准，微信、淘宝、抖音、QQ、支付宝、百度等 APP 都已达到超级平台或大型平台的“门槛”。

同时公布的《互联网平台落实主体责任指南（征求意见稿）》强调超大型平台要承担的责任中，排在最前面的就是落实公平竞争示范、平等治理与开放生态，要求超大型平台在符合安全以及相关主体权益保障的前提下，推动其提供的服务与其他平台经营者提供的服务具有互操作性；没有正当合理理由，应当为其他平台和用户提供便利。

这是主管部门发出的清晰信号——互联互通，不是愿意不愿意的问题，是得抓紧想如何办得到的问题。

在技术角度，互联互通没有太大阻碍。目前，搜狗可以搜索微信公众号；抖音可以唤起京东、淘宝；通过某些 APP 转发，微信里甚至现在就能直接唤起淘宝。只是还需要一些互惠互利的措施，比如流量互换、收取佣金等，帮助 APP 打开“心结”。当下互联网用户增速已到天花板，做用户数量最大的 APP 已经不足以讲好企业故事，应该考虑做更多人离不开的 APP。这种离不开不能通过逼消费者做出一个又一个非此即彼的艰难决定来验证，而是要通过接入更多服务，在他们一次又一次下意识地打开与点击中增强黏性。

超大平台应当有超大格局。换个角度想，大家都要写财报和 PPT，APP 何苦“为难”APP？用好中国大市场，用好技术的力量，用好商业伙伴的存量，当一个个来自中国的企业纷纷成为全球某个领域的龙头时，大家的脸上都有光，大家的股价才会涨。

（刊发于 2021 年 11 月 3 日时评版）

如何避免下一杯过期咖啡

近日，有媒体记者卧底无锡的 2 家星巴克店，发现店长、店员多次更改食材保质期标签、上架本应报废的糕点。消息传出，网友们顿觉手里三四十元一杯的咖啡不香了、点心不甜了。类似一些商家篡改保质期、再使用过期食材的做法已多次被曝光，可这一次星巴克被曝光，还是让消费者颇为意外。

市场上，星巴克一直有着“以行业最高标准为基础”、执行“星巴克食品安全金标准”的人设，消费者愿意支付溢价。业内对星巴克的管理制度也很推崇，据说同行对有在星巴克工作经历的求职者也会另眼相看。如今，发生这种不该发生的问题，令人感到有点蒙。

正常来说，没有哪家品牌企业会主动冒着食品安全风险使用过期食材，因为这点收益跟企业声誉的损失相比，简直不值一提。食品餐饮企业普遍制定了厚厚的执行手册，甚至以明察暗访的形式来确保食品安全。可以说，企业管理者也不愿意看到食品安全问题频发。

“金标准”为何防不住食品安全漏洞？“零容忍”为何挡不住个别员工违规操作？探究问题背后的成因，管理理念与考核机制的矛盾，很可能是症结所在。

品牌企业重视食品安全，对门店营业额、利润率等经营性指标都有严格的考核。但是，无论加盟店盈亏自负，还是直营店指标考核，如何做好成本控制与扩大营收的合理平衡，似乎还是摆在经营者面前的难解之题。如果严格执行食品安全手册，那么必然加大食材损耗；如果未能因此扩大企业营收，那么必将直接影响门店业绩。在此前的某些食品安全事件中，有的门店员工上下联手，铤而走险，糊弄公司检查，致使“金标准”成了摆设，就是例证。

首先，食品餐饮企业也许有必要考虑调整和完善考核模式，在利润率与标准化之间寻找更好的平衡。再严格的规定，只有让员工真正落到实处，才有意义。考核指标是指挥棒，执行食品安全标准的过程在某种程度上也是一线员工权衡利弊的过程。只有当他们的切身利益与食品安全等指标关系更紧密，而不仅仅与经济指标直接挂钩时，一线员工才更有定力做好本职工作。

其次，这些企业还可考虑用技术手段优化门店的制作流程、食材管理、供应链等，尽可能减少人为因素干扰。如果一家门店频繁出现过期食材，那就在很大程度上表明它可能没那么大客流量、用不了那么多食材。或者，在不同季节，对食材的消耗不一样，需要动态调整。有些食材总是被剩下，可能需要换小包装。同时，还有些流程可以用机器取代。对于这些信息，一线员工很清楚，在供应数据里也应当有体现。以此为基础调整优化有关流程、管理和供应等，也许能减少食材过期，节约资源。

最后，内外部的监管也要跟上。飞行检查一直没有发现问题却被媒体曝光，说明企业内部监管有漏洞，没有起到应有作用；店员篡改标签，监管部门检查没有发现，却被媒体发现了，说明外部的监管也出现了失灵情况。在这一点上，市场监管部门应当加强事前事中监管，积极主动作为。

据悉，星巴克已表示将对中国内地所有门店启动自查，当地监管部门也同步对辖区内的门店排查，对企业进行了行政约谈，对涉事门店开展了调查。除了严惩涉事门店，人们还期待调查结果能回答消费者疑虑：这是个例还是普遍现象？喝到过期咖啡的消费者有何补偿，如何避免下一杯过期咖啡？

（刊发于 2021 年 12 月 15 日时评版）

“水”评易助长“水”货

12 月 28 日是淘宝评价新规正式生效的日子。该平台规定，今后卖家不得通过返现、免单等形式引导买家给出好评。对此，各方喜忧参半。

买家离不开似乎又信不过某些“好评”。有人看在红包的面子上会写几句好评，可掺水的好评写多了，再看别人的好评，自己心里又会犯嘀咕，搞不清真假。

卖家对好评返现，也是爱恨交织。好评返现带动购买，但又增加成本；如果不返现，10 个买家可能有 8 个都懒得写评价，剩下两个还说不定给个中差评，卖家既怕“评价荒”，更怕差评多。

各大平台同样担心虚假点评削弱用户对平台的信任，可为了提升平台整体活跃度和销量，又往往对卖家刷好评“睁一只眼闭一只眼”。这种矛盾心态在一定程度上导致好评返现屡禁不止，好评在一定程度上成了“水”评。

花钱买来的“水”评，食之无味，弃之可惜。搞不好，还会产生误导。这看似只是 10 元以内的小问题，但很有可能成为扰乱市场秩序的不正当竞争行为，诱导消费者对产品和双方的交易作出不客观评价。这不仅会侵害消费者的知情权和公平交易权，而且不符合诚信原则。

随着我国网购市场高度饱和，卖家和平台都在为流量、用户数、成交量激烈竞争。虽然大家都明白好评返现弊大于利，但仅仅依靠平台治理、要求卖家自觉，恐怕很难杜绝，有待监管部门依法加强监管。

依据反不正当竞争法、电子商务法等法律，经营者不得对其商品的用户评价等做虚假或者引人误解的商业宣传。2021 年 10 月，江苏扬州市场监管部门曾援引反不正当竞争法，对 3 家在外卖内放置好评返现卡的餐饮店分别罚款 1.2 万元。类似处罚犹如警钟，提醒商家买来的好评只能忽悠一时，提高商品和服务质量才能有真正竞争力。监管部门如果鼓励消费者举报好评返现，那么也许有助于刹住这股歪风。

从平台方看，消费者愿意写评价，往往是因为能从中获得认同感和收益。因此，平台除了承担治理虚假营销的主体责任，还可以想办法调动用户评价的积极性。

这方面，有平台做了一些尝试。比如，美国亚马逊主推的 Vine 项目。卖家可以通过平台提供免费试用机会，供平台认证的优质用户自主选择，体验后给出真实评价。这些评价会以绿标形式在商品页面优先展示。消费者认为这种绿标评论的可信度最高，而评论者出于爱护个人声誉和利益的考虑，也会给出较为客观公正的评价。国内某些平台也有类似的“免费试”“霸王餐”活动，体验者写的评价大体上也还客观，可信度较高，转化率也比较高。很多对自家商品和服务有信心的卖家都会报名参加，而没底气的卖家只好避之不及，这在客观上起到了提升平台活跃度、净化购物环境的作用。

还有的平台用心经营会员体系，将会员等级与高质量点评挂钩。点评帮助的人越多、会员级别越高，能享受的权益越多。这些方法各有利弊，但管不管是态度，管不管得住是能力。好评返现损害平台、卖家和消费者利益，各方都应与监管部门一起抵制、打击这种行为。

（刊发于 2021 年 12 月 29 日时评版）

这个玩偶的“钞”能力从何而来

一个不能说话、不能动的毛绒玩偶，原价 219 元，转手就能卖 1999 元，涨幅高达 810%！

究竟什么玩偶，拥有这样的“钞”能力？答案就是上海迪士尼 2021 年 9 月推出的玲娜贝儿。跟白雪公主、米老鼠等大 IP 不同，玲娜贝儿没有任何影视剧傍身，但它确确实实在诞生 3 个月后就成了消费市场的“顶流”。据报道，开售当天，凌晨 3 点就有 5000 多人顶着寒风排队，还有人疑因抢购不成号啕大哭。有网友感慨，“我看不懂，但我大受震撼”，“为一个玩偶，至于吗？”

回答这个问题之前，先看一些关联现象：在年轻人聚集的生活社区 APP 上，每一篇晒出玲娜贝儿的笔记都会引来一大堆羡慕的点赞；在二手交易网站上，玲娜贝儿被标上高价出售，最高时曾喊价上万元；同时，又有人指责“黄牛”扰乱市场，呼吁大家不要购买；还有大量揭发假货的帖子与推荐购买“平替”的帖子，每一篇都有不错的点击量。

结合这些细节分析，玲娜贝儿的走红，既有自然流量，也有人为推手。它首先体现了相当一部分年轻人的消费观念，正从追求性价比切换为偏好“心价比”。百度指数显示，绝大多数玲娜贝儿的“粉丝”是 30 岁左右的年轻人。在这些消费者眼里，一款产品除了满足功能需求，更要满足情感需求，只要他们心里认为值这么多钱，那它就值这么多钱。

在这一力量的带动下，社会消费观念的确在变。老一辈常说“好看不能当饭吃”，更要看重便宜、功能多、用料扎实等实用标准。可是，对于当下的一部分年轻消费者来说，可爱、颜值、圈层认同感等才是稀缺资源，是行走朋友圈必备的“社交货币”，还能转化为可投资的稀缺商品。最近有一个词叫“粉牛”，指那些因为自己喜欢买一套、再多买几套按照“市场价”转让的人。这个词体现了潮玩潮物的功能价值、“粉丝”的情感价值和商品的投资价值，是新消费品“钞”能力的共同注解。

近几年，李宁球鞋、星巴克猫爪杯、泡泡玛特盲盒都曾因为兼具功能性、情感性和资产性而受到追捧。在国外，某些潮牌每次发售都会引发抢购和二次交易，公开报道显示鞋类交易网站 StockX 去年估值已达 38 亿美元。可见，全球年轻人的消费观念有某些共通之处。

可以预计，今后还会有其他商品沿着这条路线走红，迪士尼自己就在全球“如法炮制”出包括星黛露、玲娜贝儿在内的多个玩偶，打造了一个达菲家族。能在短时间内将一个个新 IP 运作成大明星，当然有很多门道，其中一个重要原因就是把握住了年轻人的心态。年轻人可是消费市场的主力军。其他品牌若能借鉴一二、找对引爆点，一样可以让消费者为“心价比”买单。

面对某些商品的爆红，在倡导消费者理性消费、理解有人愿为爱好消费的同时，还需关注的是，本应由市场定价、随供需波动的商品，如果背后出现高价拍下商品的买家，会不会是自导自演、利用虚假交易哄抬价格来引诱买家接盘？当价格出现回落迹象时，是不是他们左手倒右手，合谋托价？对于此类现象，如果令人生疑，相关交易平台和监管部门是否应密切关注并适时做好加以应对和治理的准备？毕竟，随着新消费品的投资属性日益明显，相应的市场秩序也亟须完善和规范。同时，对各种“山寨”版也要及时整治。知假买假侵犯知识产权，知假售假涉嫌违法。“真爱粉”不应成为割韭菜的对象，也不是侵害知识产权的理由。这一点，卖家和“粉丝”们都应理性对待。

（刊发于 2022 年 1 月 5 日时评版）

发文管盲盒，为了啥？

盲盒，乍听起来是小孩子玩的东西，有啥可管的？其实不然。近日，上海市市场监管局发布了国内首个盲盒经营活动合规指引，提出了一些合规标准，比如单个盲盒不得超过200元，活体动物、特殊食品等不得以盲盒形式销售，以及禁止盲盒变相开展赌博、彩票业务，等等。

合规指引一般多见于金融、医药等行业，或者反垄断等关键领域。玩具行业的营销创新引得监管部门出手制定合规指引，一方面说明事前监管“门槛”前移，监管更为精细；另一方面也说明盲盒乱象有向其他领域扩大的趋势，需要及时引导。

盲盒不算新事物，也并非中国独有。日本商店素来有“福袋”的经营方法——将几种商品装在一起，以优惠价格销售，消费者买到手，拆开才知道里面究竟是什么。这种“福袋”可视为盲盒的前身。但它本质上是一种促销手段，消费者一图便宜，二图商品的实际使用功能。

近几年，“福袋”逐渐透明，让消费者明明白白选优惠。与此同时，盲盒出现了，还与潮玩联手，在中、美、日等国全面开花。盲盒既是刺激兴奋感的宝盒，也是买到就能赚到的魔盒，消费者购买的乐趣主要体现在打开时的心情和转手售卖的赚钱冲动上。虽说变成了只求曾经拥有的“体验派”，不过其生态还算良性，潮玩“粉丝”群自己就撑得起来。但随着越来越多投机者盯上盲盒圈，盲盒逐渐“盲目”，屡屡炒出天价，令人咂舌。

行业联动是盲盒出圈的另一推手，机票盲盒、食物盲盒、酒店盲盒让不关心潮玩的消费者也熟悉了这个词。部分跨界盲盒保持了“福袋”属性，依然重在促销，比如在机票盲盒中，盲盒不过是一种有趣的载体，消费者要的是优惠机票。这种刺激加优惠有力拉动了消费，算得上比较成功的创新。

反倒是以销售盲盒为主业的商家，盲盒自身是购买对象，刺激还在，但优惠没了；再加上部分企业搞“饥饿营销”，放任黄牛炒作，如果长期持续，很可能黄牛还在，但“粉丝”没了。还有一些行业不恰当地引入盲盒，比如导致小动物死亡的宠物盲盒、被中国消费者协会批评浪费食物的快餐盲盒，这些都造成了负面影响。这些都是监管部门不能坐视不管的主要原因。

上海出台的合规指引，首先限定盲盒经营仅限于生活消费、文艺娱乐等领域，并非“万物皆可盲盒”，引导盲盒发挥带动消费的优势，避免无序跨界、造成恶劣影响。其次，重点提示炒作风险，比如不得诱导非玩家用户加入投机炒作，故意造成二手市场价格剧烈波动。同时，还要求商家公布抽盒规则、隐藏款抽取概率等。应该说，这些措施找准了盲盒市场失序的风险点，体现了以规范促发展的宗旨。

我国对新业态的监管一向持包容审慎态度，这份盲盒合规指引也不例外：它只是引导性文件，不是强制性标准。稀缺商品天然具有投资属性，很难避免投机。炒作盲盒的本质，跟炒作荷兰郁金香、天价普洱茶没太大区别。一纸文件也许难以让盲盒的非正常炒作哑火，更多是起到表明态度、提示风险的作用，但其作为全国首个盲盒行业规范，从无到有本身就是一种进步。

目前，头部企业泡泡玛特已表态将根据合规指引，逐步探索可落地的具体方案。企业自己也说，一个健康有序的潮玩市场不仅有利于保障消费者权益，也能为企业营造良好发展空间。盲盒已经是千亿元级别的大产业，还将与多个行业联动，需要坚持规则透明公开，才能避免盲目发展。

（刊发于 2022 年 1 月 19 日时评版）

如果4700万企业有“健康码”

新冠疫情让大家熟悉了“健康码”，属不属于高风险人群，扫一扫就知道。那么，企业是不是“健康”、有没有失信风险，外人怎么能知道呢？最近，经国务院同意，市场监管总局印发通知，决定实施企业信用风险分类管理。简单地说，就是按照信用风险状况，将企业分为信用风险低（A类）、信用风险一般（B类）、信用风险较高（C类）、信用风险高（D类）四类，作为配置监管资源的内部参考依据。

这相当于给企业添加了“健康码”：D类约等于“红码”，要严管；C类约等于“黄码”，要重点管；A、B类则约等于“绿码”。这只是一个类比，实际如何差异化监管还有待进一步明确。但可以肯定，企业“健康码”会让守规矩的企业受益，让搞小动作的企业心慌。

监管“化繁为简”，是因为管理方式也在不断迭代升级。目前我国市场主体已超过1.5亿户，其中企业4700多万户。相比之下，监管部门的执法队伍只是“零头”，靠传统的人力盯防、挨个走访，就算“跑断腿”也很难都摸清情况。同时，新业态新模式蓬勃发展，传统监管方式难以适应新形势下的监管需要，亟须转变监管方式。

实施企业信用风险分类管理最大的好处，就是把有限的监管资源分配到最需要的地方，提升监管精准性和有效性。此前试点的山东省烟台市有个数据：同样是双随机抽查，但他们针对不同信用风险类别的企业采取了不同抽查比例，例如对连续两个年度未年报的企业，抽查比例提高至 20%；对注册资本 1 亿元以上且 2018 年度年报中纳税额填写“0”的企业，抽查比例提高至 100% 等。风险分类为监管找准了靶子，抽查 5679 户企业，发现问题 2588 户，问题发现比例提高到 45.57%，监管效能大幅提高，实现对违法失信者“无处不在”，对诚信守法者“无事不扰”。

落实 4700 多万企业的“健康码”，其复杂性不低于 14 亿中国人的健康码。人的健康码主要依据大数据行程，查去没去过高风险地区、跟病例有没有密切接触，大多数人不会故意隐匿。不过，企业的信用状况涉及方方面面，包括登记注册、股权出质登记、行政许可、行政处罚、抽查检查结果等，而且企业倘若有违法违规行为，多半会选择隐瞒而不会主动检举自己。这就要求指标设计要科学合理，能够准确反映企业的真实状况；监管的技术水平要跟得上，能够用大数据挖掘和关联分析企业明里暗里的各种信息；不同部门之间也要加强信息协同，才能勾勒出企业的信用全貌。

目前，企业信用风险分类只作为内部监管依据，不对外公开。在前期各项指标还不完善时，谨慎对待、内部使用是很理性的安排。等到指标体系能准确全面反映企业信用状况了，建议监管部门考虑对外公开，方便群众监督，就像国家企业信用信息公示系统提示的“严重失信”“经营异常”等标签。此前多项政策均按照先企业后个体户的路径推行，如果条件成熟，信用风险分类也可考虑将包括个体户在内的 1.5 亿市场主体全部纳入。

虽然企业的“健康码”只是基于其过去某段时间的经营行为，

一定程度反映其当下的信用风险，既不能证明企业财务、销售等状况良好，也不能保证它未来不犯错误。但是，如果生意伙伴谈合作前、消费者交预付款前可以请企业出示“健康码”，至少能将它作为一项重要参考，对自身权益多一层保护，也能倒逼企业更加重视合法经营。

（刊发于 2022 年 1 月 26 日时评版）

冰墩墩为何能防黄牛

本周，北京冬奥会吉祥物冰墩墩在奥林匹克官方旗舰店开启新一轮预售。以最受欢迎的玩偶为例，每小时500个，持续秒空。

爆红、稀缺、抢购……多么熟悉的场景，之前热炒的玲娜贝儿、肯德基泡泡玛特盲盒都曾经历过，可有一点大不相同——冰墩墩没有大规模的黄牛倒卖，在闲鱼、得物等二手交易平台上都搜不到相关信息。据说线下有高价代购，毕竟接触的人少，没能成气候。这些天里，绝大多数消费者还是在喊着“一墩难求”，等着官方补货。

这可有点怪。玲娜贝儿也好，肯德基泡泡玛特盲盒也好，毕竟只在少部分年轻人中吃香；冰墩墩可是萌到了亿万人的心坎上，还自带民族自豪感光环，按理说市场需求更大、炒作点更多，黄牛怎么愿意坐失良机呢？

“出圈”的冰墩墩之所以能比较有效地防住黄牛，主要靠三条：第一，法律先行，有净化市场环境的依据；第二，表态及时，有维护市场秩序的意愿；第三，供应给力，有平稳市场供求的能力。

根据我国《奥林匹克标志保护条例》，销售含有奥林匹克标志的商品必须取得权利人许可，否则视为侵权，由市场监管部门进行处罚。除此之外，我国的商标法、著作权法、广告法以及反不正当竞争法等法律法规都对奥林匹克知识产权有着完善的保护。可以说，冰墩墩既穿着晶莹剔透的外壳，也披着严密无形的知识产权“防护罩”。

最关键的是，闲鱼等平台依据《奥林匹克标志保护条例》设置了上架禁令，黄牛就算抢到了冰墩墩等相关商品，也无法通过网络进行交易，这就极大地削弱了他们线上转卖商品获取暴利的可能性。对极少数线下黄牛，监管部门高度关注、严厉打击。近日，北京东城公安对 3 名倒卖冰墩墩的违法行为人依法作出行政处罚。全国多地市场监管部门也提醒，消费者如果发现黄牛炒作冰墩墩，可拨打“12315”热线或向当地市场监管部门举报。总之，黄牛炒作“冰墩墩”涉嫌违法，敢伸手就要挨罚。

消费者能安心等待“梦中情墩”，也得益于官方及时表态，稳住了市场预期。北京冬奥会在 2 月 4 日晚间开幕，5 日出现抢购冰墩墩的苗头，当日奥林匹克官方旗舰店即发文提示已对热门商品实行限购，并表示正全力协调备货，呼吁消费者切勿从黄牛手中高价购买特许商品，不要相信价格炒作。此后，北京冬奥组委又多次释放全力组织生产、有序补货销售的信号，还表示冰墩墩将至少销售到今年 6 月。这些表态安抚了急于抢购的消费者——国家都答应补货了，咱还有什么可担心的呢？

相比之下，此前某些热销商品的生产商、经销商没有及时、足量地给消费者吃“定心丸”，反而有意无意地给黄牛留下炒作空间。看来，黄牛不是管不住，还是在于监管是否有效。

消费者对“人均冰墩墩”的信心，还来源于对中国制造的坚定信心。冰墩墩两三年前就开售了，一直不温不火，所以开幕前奥组委没有安排太多订单。冬奥会开幕后，人们对冰墩墩的购买热情瞬间爆发，又恰逢工人春节休假，才导致补货不及时。不过，以中国强大的供应链能力和制造能力，当工厂全力开工生产，“人均冰墩墩”不难实现。据媒体报道，10 万个毛绒版冰墩墩和 18 万个新春款冰墩墩已经在路上了。借用最近流行的那句话，“你可以永远相信中国制造”。这不仅是冰墩墩防黄牛的底气，更是中国 10 多亿消费者和 1.5 亿市场主体的底气。

（刊发于 2022 年 2 月 16 日时评版）

大平台小商户应同舟共济

近日，14部门联合出台了《关于促进服务业领域困难行业恢复发展的若干政策》。43项纾困措施中，有人盯上了这一条："引导外卖等互联网平台企业进一步下调餐饮业商户服务费标准。"将其解读为针对平台经济的监管持续落子，平台经济的估值逻辑需要重构，有的外卖平台股价因此大跌。

这个反应有点过头了。政策全文5000多字，提及平台经济的仅有一两句，其初衷不是要针对平台经济。事实上，在以中央财政、政府部门为主体实施的纾困政策中，平台企业成为被寄予厚望的出力方，恰恰说明平台企业在经济社会中的重要地位得到认可，能联动千千万万市场主体，未来大有可为。

下调服务费或会影响平台经济的估值逻辑，但不意味着平台企业前景堪忧。眼下，困住服务业的不只是佣金、房租、人工等成本问题，还有消费意愿不足的问题，而后者可能更关键。因为当消费足够强劲，商家就有能力化解各种成本，可如果人们不去消费，商家没有收入，哪怕佣金从20%降到2%，商家还是撑不住。如果商家倒闭了，或者勉强支撑但收入很少，平台定的佣金比例再高，也收不上来钱。从这个角度看，平台企业与商户、消费者的关系十分密切。

此前，有个别平台曾推行过“给予优质商户3%至5%的佣金返还”等商户反哺政策，商户经营提升，对平台也是一种正面带动。从短期看，佣金比例下调、每单毛利下降后，会对平台营收有一定影响。但从长期看，如果平台佣金下降，能够提高用户使用频率，对平台是有利的。也就是说，按适当比例下调外卖服务费不仅能给商家减负、替消费者省钱，也有利于促进消费、保护商户、做活源头。只要商家和用户还在，平台就有拓展业务的可能，可以弥补佣金下调的缺口。

我国现有1.5亿市场主体，无论规模大小，都要营造更好的发展环境，让他们活下去、发展好。国家在大手笔减税降费、减免房租之外，提出引导平台降佣金，不是要干涉企业自主经营，而是因为相比个体户和小微企业，平台企业虽也面临很多困难，但腾挪空间总归大一些、抗风险能力总归强一些。在促进服务业领域困难行业恢复发展的关键时刻，政府部门和大企业日子过紧一点儿，小规模市场主体就能有更多缓冲余地。而且，政策说的是“引导”，不是命令，旨在促进政府部门、大平台、小商户携起手来，同舟共济渡难关。当然，也要看到，平台的收费标准是平台与消费者、商家不断博弈的结果，起决定性作用的只能是市场机制。政策提出“引导”下调服务费，以及“引导”对疫情中高风险地区商户给予阶段性服务费优惠，主要是呼吁企业承担更多社会责任。这背后对应一种更朴素、更有生命力的估值逻辑——评估一家企业，不是看他能不能在社会分工中赚到更多的钱，而是看他能不能创造更大的价值、帮助更多的人。

（刊发于2022年2月23日时评版）

帮每户市场主体再省1元钱

在各地政务服务中心、派出所、房产交易大厅等附近，通常会有复印店，因为总有人需要复印各种各样的证件。急着办事的人顾不上计较费用，别的地方几角钱就能复印一张，到这里就得一两元甚至更贵。不过，这种“靠山吃山”的现象可能存在不了多少日子了——近日，国务院办公厅印发《关于加快推进电子证照扩大应用领域和全国互通互认的意见》，提出凡是通过电子证照可以获取的信息，不再要求企业和群众提供实体证照或纸质材料。而且，这一探索先从高频政务服务事项开始，逐步扩展到纳税缴费、社保医保、金融服务等领域。

简单说，就是以后办理某些政务服务事项，企业营业执照、居民身份证、户口本等复印件就不再需要了。只要是机构在后台能查到的证件，他们就在后台自己查、自己核，办事人员再不用反复填表、准备一大堆复印件挨个递交。以企业开户为例。现在银行信息化普遍做得不错，开户时可以直接在手机银行上填写各种信息，但最后还是要去柜台提交营业执照复印件。要说很麻烦呢，也不见得，没听说哪家企业因为嫌提交营业执照麻烦就不开户了。可就这一个步骤，就这1元钱，现在国家也要帮市场主体省下来。

别小看就1元钱。2021年，全国新设市场主体2887.2万户，单单在银行开户这个环节，就能省下2800多万元。还有上亿市场主体的企业信息变更呢？还有社保、税务、医保等各种环节呢？据统计，国家政务服务平台汇聚的各类证照已超900种。每种证照、每个环节、每次办事省下一点点，钱就不少了。更重要的是，取消现场提交纸质复印件后，企业开户等很多步骤就可以全程在线办理，真正做到“一次不用跑、在家全办好”。

省钱事小，省心事大。从国家替市场主体省这1元钱的细节里，能读出我国持续优化营商环境、增强企业和群众获得感的坚定决心。拓展企业电子证照应用，对于助力优化营商环境、进一步激发创新创业活力，具有重要意义。此举不仅能降低市场主体办事创业的制度性“门槛”，还能给他们信心，让他们更有动力进入市场。

但也要看到，创业者注册企业的根本原因是发现有赚钱机会，否则，哪怕注册企业一分钱不用花、一个字不用填，也不会有人去注册企业。激发市场主体活力还有很多工作要做，其中重要的一条是持续营造公平竞争的市场环境，让所有的市场主体同台竞技。

这恰恰是某些地方亟须加强的。比如有的地方规定，拿政府项目或者与国有企业合作的企业必须成立一年以上，但国企例外，这就直接排除了一些有能力的初创企业；还有的地方在制定补贴政策时，提出一些国家政策范畴之外的非技术性指标，明显倾向本地企业，或采用高出国家政策标准的技术指标以排斥外地企业。类似的“隐形门”“天花板”还有不少。因此，《“十四五”市场监管现代化规划》强调，要优化各类市场主体平等使用资源要素、公开公平公正参与竞争、同等受法律保护的制度环境，在准入许可、要素获取、经营运行、政府采购和招标投标等方面对各类市场主体平等对待。

一视同仁对待各类市场主体，不是一句口头表态，而应是实实在在的行动准则。随着电子证照实现全国互通互认，市场主体的资质、奖项等信息在外地也能查明。证照使用的地域和行业限制已经打破，阻碍市场主体公平竞争的地域、资历、出身等非必要限制也应当打破。

（刊发于 2022 年 3 月 2 日时评版）

社区团购告别骑虎狂奔

近日，滴滴旗下社区团购平台橙心优选被爆出全线关停。此前，滴滴、美团、拼多多、阿里等平台企业在社区团购业务上投入巨大，谁能想到，如今社区团购反而变凉了。

有观点认为，社区团购的转折点是2020年有关部门出台的社区团购“九不得”，包括不得低价倾销等。此后，各大平台类似“1分钱买鸡蛋”等超低价销售行为有所收敛，社区团购失去了快速引流的杀手锏。但要说是监管堵死了社区团购的路，这个锅监管可不背。

更重要的原因是，低价补贴的商业模式本身不可持续，还涉嫌违法。市场监管总局曾公布对橙心优选、多多买菜、美团优选等企业的行政处罚决定书。其中透露，某平台销售“万人团陕西红香酥梨300g/份”，标示“团购价￥0.88”，而进货成本为2.4元/份，售价还不到进货价的一半。行政处罚决定书指出，这些平台大量商品实际销售价格低于进货成本。如计入运营等成本，实际销售收入远低于成本。监管部门将其定性为“以排挤竞争对手为目的，低于成本销售商品的行为”，违反了价格法。

社区团购走到今天的地步非常可惜。这种商业形态的经济价值和社会价值原本是被验证过的。新冠疫情发生初期，兴盛优选、十荟团等社区团购创业公司发展得非常好，帮助当地居民解决了生活所需。社区团购当时的亮眼表现，一定程度上激发了平台企业巨头们的参与热情。

遗憾的是，这个行业似乎被带歪了。兴盛优选相关负责人后来总结道："社区团购的模式本身是先进且非常有社会价值和经济价值的，但超低价补贴的方式打破了其原本渐进式的发展规律。"再加上有些玩家属于跟风入局，并没有做好规划和准备，而这个行业本身需要供应链、物流的高度把控与整合，一味求快、拿钱砸出来的单量掩盖不了基础薄弱的现实。

对于这些弊端，巨头们也明白，可是有些骑虎难下，只能继续砸钱，赌自己能够在被老虎反咬一口之前甩掉竞争者。这曾是餐饮团购、网约车等行业的胜出之道，但是在法律法规日趋完善的当下已经行不通了。

批评社区团购的声音里，有人认为他们不该惦记小商户的萝卜白菜。现在看来，低价补贴最大的弊端其实是"内卷"太甚，即便是巨头也扛不住。从这个意义上说，相关部门此前出台社区团购"九不得"等规定，是提醒行业不要偏离正轨，而不是要遏制行业发展。

经过市场摔打，巨头们开始战略性止损，多个平台已收缩团购业务，转而探索更符合自身特点的出路。先从老虎背上跳下来的，未必是输家，也可能是及时止损的聪明人。毕竟，社区团购只是企业探索多元化业务的尝试之一，只要企业留得青山在，市场里依然有机会等待发掘。

（刊发于 2022 年 3 月 9 日时评版）

把算法开关交给消费者，好！

改了改了，他们都改了！据不完全统计，截至3月15日，抖音、今日头条、微信、淘宝、百度、大众点评、微博、小红书等APP均已上线算法关闭键，允许用户在后台一键关闭“个性化推荐”。在“3·15”国际消费者权益日到来之际，个人隐私保护跨出一大步，消费者权益得以保障，令人欣慰。

近几年，不少APP打着“千人千面”的口号，基于算法为用户提供精准推送。市场也很认可这种商业模式，谁把用户的心思猜得准，谁的广告就赚得多。但APP们极少主动提示“千人千面”会大规模收集和使用用户个人信息，更不会冒着断自己财路的风险，设计算法关闭键。

直到今年1月，《互联网信息服务算法推荐管理规定》出台，明确了算法推荐服务提供者应当以显著方式告知用户其提供算法推荐服务的情况；向用户提供不针对其个人特征的选项，或者向用户提供便捷的关闭算法推荐服务的选项。该规定自3月1日起施行，APP们不想改也不行了。

个性化推荐有助于改善用户体验。用户不管是喜欢小动物、美食还是美妆，都不用到处去搜索资源，算法会源源不断地推荐。不太美好的一面在于，算法很了解用户，但用户对算法几乎一无所知；

算法强大到能控制用户的眼睛，甚至基于算法实施“大数据杀熟”，但用户对此几乎无计可施。

北京大学互联网发展研究中心发布的《中国大安全感知报告（2021）》显示，受访者中，60% 担心自己的信息在数字环境中有泄露风险，70% 担心个人喜好、兴趣被算法“算计”，50% 表示在算法束缚下想要逃离网络、远离手机。这意味着算法构建的不只是“信息茧房”，还可能是“信息囚笼”，用户明知不妥又挣不脱。算法新规就是要求 APP 们给笼门配一把钥匙，并交到用户手中。

目前，大部分 APP 都把算法关闭键埋得比较深，这点小心思可以理解。其实，“算法开关”不是自废武功，而是补地基上的漏洞，有利于合规企业进一步发挥优势。网络安全、数字安全是托起数字经济的底层逻辑，不能建立在侵害消费者知情权与选择权的基础上，企业对此心知肚明。有一个有意思的现象——按理说，以算法起家的字节跳动系应该最忌惮关闭算法，可偏偏它旗下产品设置的算法开关位置最显眼、分类最齐全。一方面，这说明企业对自己的服务有信心，相信消费者会自愿打开；另一方面，这也在一定程度上表明部分企业已经意识到数据收集越透明、越规范，对自己越是一种保护。

算法开关给了消费者选择权，还应进一步保障消费者知情权。算法不该是企业手里的“黑匣子”，而应是用户眼前的透明鱼缸。用户不用弄懂鱼缸的生态系统如何运转，但有权知道鱼缸里装了什么。这方面，微信、大众点评等 APP 列出了“个人信息收集清单”，告诉消费者自己收集了哪些信息，以及如何使用这些信息。这种明确告知有必要成为行业共识。

设置算法开关只是保障数字安全的第一步。如果得到消费者信任，企业可以继续优化算法，推荐向上向善的内容，增强用户黏性；如果消费者选择关闭，企业也可以采用其他方式改善消费者体验，但要注意不能故意提供过时、低质信息逼消费者打开算法，实质上侵害消费者选择权。总之，消费者的心思可以猜，但猜的企业要合法合规，被猜的用户得心甘情愿。

（刊发于2022年3月16日时评版）

企业该如何面对大 V 们的摄像头

一场 6 万人围观的砍价活动，把拥有 8 亿用户的拼多多送上了热搜：近日某主播在直播过程中发起拼多多“砍一刀”免费领手机活动，将砍价链接转发至多个 QQ 群，吸引了 6 万多人围观。但 2 小时直播结束，砍价依然未能成功。很快，嘲讽拼多多“骗子”的声音四起。

热搜没有说的是，直播结束后，砍价链接依然有效，还有 QQ 用户在帮主播砍价，又过了约 2 个小时砍价成功，当晚主播已兑换了手机。另据了解，6 万网友中，实际出手砍价的 2000 多人，抛去“羊毛党”等无效砍价，帮助主播有效砍价的仅有数百人。所以，“六万人砍价不成功”的热搜与事实有出入，实际上是数百人用约 4 个小时“砍”到了一部价值 2000 多元的手机。

事实与舆情之间的反差，提出了企业如何面对大 V 们的摄像头，以及摄像头如何监督企业这一新课题。新媒体时代，摄像头监督时刻在线。有些大 V“粉丝”量可达百万、千万，不管他们是为了流量还是追求正义，其爆料客观上使得企业的一举一动都被放在聚光灯下检验。表现好的企业可以收获赞美，表现差的却可能引发舆情。

然而，平台的经营行为和服务水平有时却禁不起检验。就拿促销来说，不管是拉用户砍价领免费商品，还是各种凑 10 单免 1 单、集福字分红包，实质上都是平台以补贴换流量。用户也很清楚互联网上没有免费的午餐，他们参与活动时，就做好了要付出时间、流量、人脉等代价的准备。只要有言在先，哪怕只有十万分之一的可能，消费者也不会抱怨。

问题在于，平台既要吸引用户又要控制成本，往往选择模糊处理，只强调有好处拿，却不明示概率几何，造成消费者预期落空。中国消费者协会曾经发布消费提示，指出电商促销水分多，有消费者在某平台抢到了900多个红包，但实际优惠金额累计不到10元；有的平台优惠活动可能就消费期限、商品品类、消费金额等设置隐形“门槛”，让消费者的知情权打了折扣。

要解决这一问题，须完善行业规则、贴合法律规定、尊重消费者诉求。根据市场监管总局出台的《规范促销行为暂行规定》，经营者在有奖销售前，应当明确公布奖项种类、参与条件、奖金金额、奖品价格、奖品数量或者中奖概率等信息。降价促销时，则需要以本次促销活动前七日内最低成交价格为基准。这一规定已实施近两年，种种不规范现象却依然存在，影响着消费体验。

拼多多这次上热搜给所有商家提了一个醒：合规经营必须常态化，没准下一次还有主播开着摄像头来体验。想过这一关，只有进一步完善活动流程和规则，优化活动指引，提升活动体验，服务好每一位用户。

近些年，越来越多新闻来自大V爆料，或者由他们转发的一般爆料发酵。这些爆料大多数促进了行业整改，也有少数变成了无厘头闹剧。大V们兼具消费者和自媒体角色，积极行使监督权，有利于倒逼平台和经营者诚信经营。要认识到，影响力越大，责任也就越大，大V们行使监督权时，更加有必要以事实为依据引导合理质疑、提供有价值的理性分析，共促消费维权社会共治格局。

（刊发于2022年3月23日时评版）

防止白菜趁疫“打劫”

最近，上海高岛屋百货公司的白菜“火了”——根据网友举报，高岛屋3月24日出售的一棵白菜售价高达77.9元，折合32元/公斤。对比近期该地区的其他生鲜APP，普通大白菜约合8元/公斤。

为什么要拿高端商场的“精品”白菜跟普通白菜相比呢？因为市场监管部门调查发现，自2020年9月以来，这些卖着“高端”价格的专柜蔬菜，其实就是供应商汪某从农贸市场和生鲜小店等处购入的普通蔬菜，只不过经过了二次分拣和包装。

该供应商的手段并不高明，能蒙混这么久，应该是高岛屋百货没有尽到审核责任。进一步调查发现，高岛屋自己居然也存在虚构原价、虚假促销的行为。监管部门据此认定汪某及高岛屋百货公司的相关行为构成价格欺诈违法行为，对汪某处以10万元的顶格处罚，对高岛屋百货公司处以50万元的顶格处罚。上海市消费者权益保护委员会还提出，高岛屋应对消费者予以赔偿。

区区几十万元罚款，对大企业来讲算不得什么，会主张赔偿的消费者估计也不会太多。然而，此次暴露出来的虚假宣传、把关不严等问题，意味着企业诚信有问题、管理有漏洞，很可能动摇高岛屋作为一家高端百货的根基。近几年，高岛屋多次因售卖过期食品被罚，再加上这一次上热搜，不诚信的企业终将失去市场信任，这是比罚款更严厉的惩罚。其他市场主体也应从中吸取教训，切不可自毁前程。

新冠疫情发生以来，监管部门一直严查哄抬价格、串通涨价等违法行为，先后查处过多起哄抬物价案件。白菜是居民菜篮子里的亲民品种，卖出天价对消费者的冲击很大，因此被点名较多。身为我国营商环境的“优等生”，上海在打击哄抬物价方面做出了标杆式的举措——3 月 25 日，上海市市场监管局与市发展改革委联合发布《关于疫情防控期间认定哄抬价格违法行为的指导意见》，明确了疫情期间哄抬物价的认定范围和认定标准。

2020 年 2 月，市场监管总局曾出台过《关于新型冠状病毒感染肺炎疫情防控期间查处哄抬价格违法行为的指导意见》，但没有明确哄抬价格的认定标准。部分地区也出台过地方版，有的把涨价幅度限定为 35%，有的限定为 15%，有的干脆就是一句“禁止大幅提高”，虽然让价格执法有了法律法规依据，可操作起来仍不够细致。

此次上海新规没有给出固定幅度，而是在尊重市场自主定价权的基础上提出了两个指标，叫作“日常进销差价率”和“正常销售利润率”。比如同样是大白菜，进价、物流等成本变化不大的，售价和进价之间的差距比率不得超过 3 月 13 日至 19 日期间的最高值。考虑到疫情期间成本通常都会大幅提升，或者此前没有卖过这种大白菜，上海又明确，新价格应不高于 3 月 19 日（含当日）前 7 天内的正常销售利润率。也就是说，不搞“一刀切”，允许市场主体根据自身情况随行就市涨价，但必须与其之前赚的比例差不多，不能趁疫“打劫”，否则，哄抬价格最高可罚 300 万元。

商品售价是多种因素综合作用的结果，菜卖得比以前贵未必就是哄抬价格，关键在合情、合理、合法。眼下，部分地方疫情防控形势严峻，民生保障至关重要。在呼吁市场主体承担社会责任、保供稳价的同时，也应注意为其留下合理的利润空间。以市场化、法治化思维引导蔬菜等生活物资合理定价，上海的做法有一定参考价值。

（刊发于 2022 年 3 月 30 日时评版）

数字藏品亟待完善监管

近日，失踪多年的圆明园十二兽首之羊首“现身”拍卖会，落槌价格 8141 元。这个价格肯定买不到真文物——实际上，消费者高价买到的只是一张虚拟动图，只不过附有全球唯一编码。根据相关计划，十二兽首的虚拟动图都将在拍卖中亮相。

近几年，这种被称为“NFT”（非同质化代币）的数字藏品火遍全球。去年，一幅艺术家 Beeple 的“NFT”作品在佳士得拍出了 6934 万美元的天价，而起拍价仅为 100 美元。在国内，既有互联网平台巨头入局该领域，也有大批创业公司搭建平台，吸引无数个人创作者、艺术家、博物馆、大小品牌纷纷发布数字藏品。

目前，部分平台采取直购价结合拍卖价的发售方式，但这种价差不一定能捡漏，还可能留下市场无序的漏洞。以圆明园兽首系列为例，十二兽首本期各有 10000 份，其中 9982 份可以用 29.9 元直接购买，且不限量，90 天后可以通过微信小程序转让，真正拿来拍卖的仅有 1 份。这就很微妙了，因为这 1 份拍出的数千元高价会成为前面低价“同款”转让时的参考价。而且，会不会继续出下一期呢？业内人士认为，不排除有买家前期大量囤货，然后炒高拍卖价格，以便后期高价“转让”。

人们追捧艺术品，一是为了美的欣赏价值，二是稀缺性带来的收藏价值。数字藏品是否具有与价格相当的欣赏价值，因人而异，但从高企的转让需求来看，大多数买家主要是想通过转让来赚取收益。然而，数字藏品的生产成本和复制成本低，稀缺性存疑，很可能无法支撑升值预期，让暴富梦碎。

国内消费者还有一层风险："NFT"在国外实质是代币，一般建立在公链上，作品价值是公认的。而国内机构坚称自己只做数字艺术品，交易平台大多基于联盟链，一些创业公司还建有自己的平台和区块链。这么多平台和联盟链，意味着数字藏品的价格体系不牢固，炒作风险高。有些平台禁止二次转售，但禁令效果不佳，私下交易依然频繁，近日微信已封禁了多个涉嫌违规炒作或二次交易的数字藏品平台公众号。仍有部分平台直接放开发行和转售并收取高额佣金，一旦平台关停，高价接盘的消费者恐将损失惨重。

从实践看，如果把数字藏品仅当作线上交易的文创商品，由市场监管部门和知识产权部门监管，那是不够的。作为金融科技的衍生品，数字藏品兼具商品属性、货币属性、证券属性等，对其监管涉及多个部门，迫切需要建立联合监管机制。据报道，美国证券交易委员会正在对"NFT"展开非法集资调查，美国财政部还警告"NFT"可能成为洗钱工具。国内有专家建议引入"监管沙盒"，选取平台与监管机构密切沟通，提前报备运营机制和消费者权益保障等措施，在一定时间、一定范围内试运行。这也是一种思路。

以区块链、元宇宙、"NFT"等为核心的Web3.0被视为互联网的下一个阶段。比起元宇宙，数字藏品更能打动人，是区块链落地最快的应用场景。以此来打磨和普及新技术，为中国争取率先推开新世界大门的机会，未尝不可。对这种新兴事物，既需要包容审慎，也需要密切关注，找到一把谨慎的钥匙。在监管机制明确之前，建议消费者冷静看待，理性参与。

（刊发于2022年4月6日时评版）

点餐就该直接点

你的微信关注了多少家餐厅的公众号？除了常去的几家店，是不是还有些餐厅压根儿不记得是什么时候关注的？不是消费者健忘，而是因为一开始关注就很勉强——不关注餐厅就不让点餐，强扭的瓜怎么能甜？

针对这一强制关注现象，微信进行了大范围、长时间整治。根据微信方面近日公布的数据，截至今年 3 月底，扫码点餐强制关注公众号整改已经完成 95%。现在消费者就餐时可以留意是不是扫码后直接跳转点餐小程序，用完即关。如果还需要关注公众号才能点餐，可以直接向微信投诉。

近几年，“私域流量”这个词很流行，卖衣服的要“涨粉”，开餐馆的要“涨粉”，电商平台上的商家也希望导流到微信里“涨粉”。商家和“粉丝”本该是双赢，消费者对商家满意，主动关注公众号以获取优惠活动信息；商家运营“粉丝”，用精美的文案和适度的优惠，激发消费者的复购热情。

但习惯主动关注的消费者毕竟是少数，为了获得所谓的“用户黏性”，有的商家动起了歪心思。不同于其他行业一般靠优惠吸引“粉丝”关注，餐饮行业凭借线下消费的半刚需性质，往往直接在点餐环节做文章。想点餐吗？本店没有纸质菜单，只能先关注公众号才能获得点餐链接。

这一招虽然让消费者不爽，但效果确实好，毕竟来都来了，很少有人会因为不想关注公众号就赌气不吃，只好扫码关注。有些商家得寸进尺，强制收集用户手机号、性别、生日等个人信息。互联网上，关于扫码点餐的吐槽比比皆是："只想吃顿饭却要关注公众号""注册会员才能扫码点餐""老人没有智能机就不接待了？"

2021 年 3 月，中国消费者协会曾表态称，不提供现场菜单有损消费者的知情权；仅提供"扫码点餐"侵害消费者的公平交易权，还涉嫌过度收集消费者个人信息。中国消费者协会的喊话虽然直截了当，对于餐馆的影响力却有限。根据中国烹饪协会发布的数据，去年我国餐饮门店已突破 930 万家。如此庞大的数量，有执法权的监管部门也不可能一家一家查。

以前人们只把公众号当"涨粉"利器，没有想过有什么违规风险。随着个人信息保护法、数据安全法等法律的实施，扫码点餐背后的个人信息保护问题亟待解决。监管部门可以要求微信平台加强整治，也就是说，平台本身也是监管对象。但这次微信倾听用户"吐槽"，主动出手，同时扮演着整治主体的角色。微信采用技术加利益的市场化手段，整改成本更低、商家配合度更高。

据了解，微信去年 8 月已提醒开发者自查整改，过渡期后核查，违规的公众号将被限制二维码打开公众号能力，这就让商家意识到整改的必要性。而且，考虑到点餐码已经贴在一张张餐桌上，如果全部更换，商户和服务商的成本很大，微信还在后台开发了接口，让商家不用更换任何实体物料，消费者扫原有点餐码就可以直接跳转小程序，几乎是零成本整改，确保了整改的可行性。

微信如此大费周章地动自己平台商家的蛋糕，是希望优化行业生态环境，以规范发展实现更好发展。可以看出，如果规则明确、引导得当，平台自身也有合规动力。平台把选择权还给消费者，不仅能倒逼平台商家提升数字化运营能力，激活私域流量，还能在全社会营造尊重消费者的环境，有利于释放消费潜力，企业也将是受益者。

（刊发于2022年4月13日时评版）

知网知否？作者授权应当有

近日，有媒体爆出中科院因为无法承受高达上千万元的订购费用，不得已将停用中国知网数据库。中国知网再一次陷入争议。

价格贵，只反映了中国知网的一面。公众对中国知网的商业模式还有不少质疑，其中有这样两点：期刊能代表作者本人授权吗？用作者的论文卖高价，不仅不给作者钱，作者使用时还要交不少钱，合理吗？

第一个问题已经有了答案。中国裁判文书网近日公开了一份终审判决：作者卢某将自己的作品著作权独家授权给了世纪超星公司，但中国知网认为自己已取得刊发该文章的期刊社授权，遂通过手机知网提供涉案文章的阅读、下载服务，世纪超星继而起诉维权。公开数据显示，中国知网因著作权权属纠纷案由被起诉上千起，其中绝大多数争议由类似操作引起。2021 年 12 月，北京互联网法院做出终审判决，认定中国知网的使用不符合网络转载法定许可和期刊转载法定许可，属于侵权行为。

进一步查询可知，至少在 2021 年 6 月，北京知识产权法院已在类似案件中做出了几乎相同的终审判决，并指出中国知网仅与期刊社约定取得作者授权，但该条款系双方自行约定，不能约束作者。中国知网如果想要收录相关文章，应当获得著作权人的许可。

可见，法律态度鲜明地站在著作权人这一方，著作权人可以理直气壮地要求中国知网先取得自己的授权。判决生效已有不短时日，中国知网及其他数据库开发者不应揣着明白装糊涂，需抓紧调整授权模式，做到合法授权、合法使用。

关于低买高卖的争议，有人认为中国知网利润率超过 50% 是暴利，但高利润并不违法。如果中国知网只是一家普通的营利机构，社会可以呼吁它展现道德和情怀，但不能阻止它追求利润最大化。企查查数据显示，运营中国知网的《中国学术期刊（光盘版）》电子杂志社有限公司由清华控股有限公司 100% 持股，清华控股有限公司又由清华大学 100% 持股。中国知网作为重要的知识基础设施，是不是应当考虑将其部分纳入公益服务范畴，实施合理的监管措施和价格指导呢？

还有一种新的解决方案。科研人员大多在乎学术影响力，对版权收益不那么看重。过去，这种心理往往被某些企业用来“赚差价”，现在则成为一种被称为“金色开放”模式的基础。所谓“金色开放”，是指由作者支付文章处理费，换取期刊将文章免费开放。国际信息巨头爱思唯尔旗下的金色开放获取期刊已超 600 种。2021 年 1 月起，全球知名的《自然》系列期刊也宣布提供金色开放形式发表。虽然费用不低，但可显著增加文章的阅读量和引用量，也有利于共享科研创新成果。

马上就是“4·26 世界知识产权日”了。知网正是知识产权保护土壤上开出的花朵。知网备受关注，不仅因为公众怀疑它“薅作者羊毛，织自己棉袄”，还在于社会普遍认为知识产权的题中应有之义是用保护推动创新。音乐领域的独家授权已被打破，改变了部分互联网平台的垄断模式，有利于营造互联网开放生态。在其他领域，也应鼓励授权方面的有益探索，避免有人借保护知识产权之名阻碍创新。

（刊发于 2022 年 4 月 20 日时评版）

做一碗谁也打不翻的“粉蒸肉”

“妈妈的味道”要不要贴标签？网友们为这个问题吵翻了天——近日有媒体报道，王女士销售婆婆毛妈妈“自制”的粉蒸肉、回锅肉等土特产时，被职业打假人邵先生盯上，指出货物没有标签，是“三无产品”，并向法院起诉。法院二审判决王女士退还货款并给予10倍赔偿，共计约5万元。

此事在网上成为热议话题，一个重要原因是毛妈妈满脸泪水叫屈的视频，勾起了网友们的同情；再加上法律规定不够明确，造成公众认知不太统一，支持者与反对者互不相让。从社会层面看，短视频、微商等新型经营模式的兴起，对传统外卖平台、电商平台的监管规则提出了新的问题和挑战。

尽管如此，有些事实仍可以摆出来做一下探讨。从工商登记信息来看，“毛妈妈”不只是一位农村老太太，还是一户有经营行为的市场主体。企查查数据显示，“忠县毛妈妈土特产经营部”是一家个人独资企业，由王亚琼100%持股。该企业在食品类别和广告销售类别上拥有9个“毛兰英”相关商标。王亚琼名下至少还有一家企业，名为“重庆毛妈妈农产品加工有限责任公司”。公开报道还显示，企业从2017年起已开始经营，2019年年产量已达30余吨，有近百人的微商团队。

这些信息意味着，“毛妈妈土特产”符合食品安全法所称的食品生产经营者，其销售的食品外包装上应当有标签，或者标明食品的名称、生产日期或者生产批号、保质期以及生产经营者名称、地址、联系方式等内容。如果缺少这些标签，就有“三无产品”的嫌疑。企业无论大小，都应该依法合规经营，不是说只有大企业才要落实食品安全法，小企业就可以自己放自己一马。据报道，王女士称还将上诉，相信法院会根据事实依法判决。

网上成千上万条评论中，邵先生职业打假人的身份也是焦点之一。此前，监管部门对是否应当支持职业打假人的赔偿主张认定不一。有人认为职业打假人不是为了消费而购买，不应按照消费者权益保护法赔偿；有人则认为他们只是掌握了法律知识的消费者，且在客观上起到了促进商家合规经营的作用。

这次法院支持邵先生的10倍索赔主张，是因为本案涉及食品安全，并非普通消费纠纷。根据《最高人民法院关于审理食品药品纠纷案件适用法律若干问题的规定》，购买者明知食品存在质量问题仍然购买的，并不影响依法索赔。这是为了保障食品药品安全做出的特殊安排，对于保证食品安全、威慑不良商家具有积极意义。试想一下，如果粉蒸肉真的吃出了问题，上面连个生产厂家名称也没有，消费者又该如何投诉？从这个角度看，食品安全标准确实不能放松。

近几年，很多人借直播带货和朋友圈做小本买卖，消费者也借此吃到了各家美食。这些自制食品因为缺少标签造成“不符合食品安全标准”，并不等于有质量问题，法律可酌情考虑。抖音、微信等新平台喜看交易量大增的同时，也应注意尽到审核义务，替消费者守好第一道门，并监督商家切实保护消费者权益。总之，对新兴的交易模式和消费场景，监管部门和平台既要守住底线，防止粉蒸肉吃出问题、消费者维权无门；又应做好合规管理，让这碗“粉蒸肉”能继续助民、便民。最关键的是，商家自己须合规经营，做一碗不管是职业打假人还是普通消费者，谁也打不翻的“粉蒸肉”。

（刊发于 2022 年 4 月 27 日时评版）

别让劣质厨具坑了“小厨师”

自从教育部发通知，说今后中小学生都要学做饭，儿童厨具卖得更火了。现在最时髦的儿童厨具可不是“过家家”，而是真锅真铲真炉灶，能让孩子煎炒烹炸，把饭菜做熟了吃下肚的“真煮”儿童厨具。电商平台上已有大量商家销售此类产品，有的店月销量超过 3 万件。孩子们开开心心吃着亲手做的煎鸡蛋、炒白菜，但火爆背后，“真煮”厨具的安全性存疑。煮出来的食物能不能让孩子们放心吃，还得打个问号。

按照商品分类，“真煮”厨具兼具儿童玩具、儿童餐具和家用电器的属性，其产品形态多样，目前并没有专门标准，需要分别执行玩具、餐具和 3C 认证。这恰恰成为大多数“真煮”儿童厨具商家回避国家标准的借口。例如，对接触食物的不锈钢餐具，我国执行《国家标准 不锈钢餐具》或者《食品安全国家标准 食品接触用金属材料及制品》等，此类商家通常会标明使用 304 不锈钢，有的客服会明确告知自家餐具执行的国标，并提供检测报告原件。还有部分儿童餐具品牌主动升级，使用更高级别的 316L 医用不锈钢。

然而，在孩子专用的“真煮”厨具中，商家却很少主动标明使用的原料材质，无论是不锈钢还是塑料，多个店铺的客服均笼统回答“食品级”。少数商家会告知使用了 304 不锈钢或 410 不锈钢，但一概拒绝提供权威部门检测报告。笔者随机购买了一套，外包装上自称玩具，仅标明电磁炉执行了家用电器相关标准，但是对蒸锅、不粘锅和塑料碗碟使用什么材质、执行什么标准只字未提，而这几样恰恰是关系食品安全的核心要素。

购买评价本应是重要参考，可惜部分商家依然通过返现诱导消费者写好评，屡禁不止，有客服直接报出“返现5元”，导致好评可信度不高。这一点，平台应加强监管，消费者也要注意分辨。在众多格式高度一致的好评中，不乏购买后的消费者表示“一摸一手黑，肯定不是304”，或者指出“加热后味道很大”。还有消费者询问：“材质是什么？安全吗？做了能吃吗？”可见，食品安全问题已成为消费者的担忧。

“真煮”儿童厨具的食品安全性究竟如何，消费者没有可靠信息，需要专业检测来解惑，建议相关部门开展第三方评测，让消费者放心。消费者权益保护法保障消费者知情权，产品材质和检测报告均不是商业机密，商家不应拒绝提供必要信息。作为主要销售渠道，电商平台应当要求商家公示材质及检测报告等信息，切实保障消费者知情权。

很快就到“六一”儿童节了，不少家庭已将“真煮”厨具列入礼物清单，市场潜力巨大。但隐患不除，越是热销，潜在危害越大。从消费者反馈情况来看，“真煮”儿童厨具不能归于玩具范畴，应当按照食品安全相关的国家标准来管理。孩子们要加热的食材是直接入口的东西，本就应该执行最严格的标准。厨具可以有缩小版，食品安全不能有缩水版。这一点，监管部门应尽快明确，商家也要主动执行国标并在外包装上标明。家长最好多方比较、谨慎选择，毕竟可爱和划算，远不如食品安全重要，千万别让劣质厨具坑了自家的小厨师。

（刊发于2022年5月11日时评版）

别让消费者为合同套路叫苦

先来猜一猜，如果一位北京消费者买了一辆小鹏汽车，发生争议后，该去哪里要说法呢？答案是，去千里之外的广州仲裁委员会仲裁。这是北京小鹏汽车销售服务有限公司提供的《小鹏汽车购买协议》里规定的："如果双方未协商一致解决该等争议的，则任何一方均有权将争议提交至广州仲裁委员会进行仲裁。"

这里边的门道有点复杂，普通消费者不一定看明白。首先，仲裁不实行地域管辖，双方原本可以协议选择。但受小鹏汽车与消费者签订的格式条款限定，消费者将只能去广州。也就是说，消费者如果想要维权，即便不算时间、食宿等成本，单是往返机票都要支出几千元。其次，消费者权益保护法规定，发生消费者权益争议的，可以通过投诉、仲裁、诉讼等方式解决。而仲裁实行一裁终局制度，裁决作出后，就算消费者不服，也不能再到法院起诉。打官司二审是常事，一次仲裁未必能让双方口服心服，可企业靠一纸格式合同，就剥夺了消费者选择诉讼的权利。

权益受损的不只是北京消费者。作为互联网汽车的代表，小鹏汽车相当一部分车辆通过 APP 销售，其购车协议中也有类似条款。不管消费者实际在哪里购车，有消费纠纷就得跑去广州仲裁。对于消费者来说，维权成本被格式合同硬生生拔高了一大截。正因如此，北京小鹏汽车销售服务有限公司因规定不公平合同条款、侵害消费者权益，被北京市朝阳区市场监督管理局警告并罚款3000元。

挨罚的虽是一家汽车企业，但其他行业、企业不能视而不见。中国消费者协会近日发布的《“新”消费领域投诉情况专题报告》（以下简称《报告》）指出，格式条款在互联网平台普遍使用，部分网络格式合同因其在线阅读不易，且暗含各类不公平内容，使消费者处于更加不利的境地，由此引发的侵害消费者权益问题愈加突出。《报告》批评了视频网站普遍存在通过会员协议排除、限制消费者选择诉讼管辖法院的现象。比如，某视频平台包月会员费用是25元，但消费者如果要去平台所在地打官司，可能光机票费就得花好几千元，大多数人权衡之后都会选择作罢。此外，《报告》还指出部分网络平台经营者存在随意变更核心条款、利用不公平格式条款减免自身义务和责任、加重消费者责任的情形，包括对预售商品设置超长预售期，或设置预付金不退等不公平格式条款。

遗憾的是，消费者长期吐槽，经营者无意整改，即使挨罚也未必真整改。比如被罚后，小鹏汽车APP把诉讼权还给了消费者，但依然将管辖权限定在自己所在的广州市天河区。这是不少企业的“惯例”。相对于企业，单个消费者本就处于弱势，如果企业再自我优待，在合同里设置套路，消费者权益将大打折扣。

《消费者权益保护法》（以下简称《消法》）明确禁止经营者通过格式条款、店堂告示等方式作出对消费者不公平、不合理的规定。落实《消法》，监管部门应督促企业切实整改格式条款里的“不平等条约”，在平台创新与公众利益之间找好平衡。司法机关也应发挥示范和引领作用，以案释法，引导经营者树立“科技向善”的经营理念。最为关键的是，作为第一责任人，相关经营者应当珍惜品牌声誉，尊重消费者权益，让消费者能够及时有效地解决争议，不必负担不合理费用。都说消费者是上帝，那企业就应拿出诚意，别再让“上帝”为合同里的套路叫苦了。

（刊发于 2022 年 5 月 18 日时评版）

别让虚假促销殃及“618”

近期，一个火热项目即将启动，预估规模将达5000亿元——这就是“618”电商促销。作为上半年最受关注的电商大促，今年各大电商平台花里胡哨的玩法少了，促销力度更大，有可能成为历年来优惠力度最大的“618”。

今年“618”意义特殊。近几年电商大促的吸引力逐渐下降，微博上类似“中消协公开课提醒618理性消费”的话题热度不断上升。对平台商家来说，“618”大促表面是让利，实际是“回血”，是新冠疫情反复背景下，消费行业难得的大规模回笼资金的机会。各平台也需要一份酣畅淋漓的业绩来恢复行业信心、点亮企业财报。消费者虽然价格敏感度有所增加，但依然有借大促囤点划算商品的需求，其消费潜力被激活。借这股东风，各地政府正积极通过发放消费券等方式来刺激消费需求复苏。从某种程度上说，今年“618”不仅是电商平台秀肌肉的赛场，更成为共同提振社会消费的重要节点。此时，让商家“回血”很重要、让消费者买到实惠商品很重要，让全社会看到中国消费市场的韧性和潜力更重要。

要实现这个目标不容易。当前物流配送并未完全打通，客观上会影响购物热情；受疫情影响，不少商家经营困难，已承担不起太多让利空间；消费者手里也没有足够鼓的钱包支撑冲动消费。在这种情况下，各平台密集出台措施为商家减负，希望商家尽可能拿出有吸引力的价格。此刻，商家也只有给消费者真实的优惠、更好的体验，才能率先突出重围。

要注意的是，更多优惠不等于“消费降级”，更不代表可以和消费者玩套路。过去几年，复杂的促销规则、先涨价再降价的“惯性”操作，消耗了消费者对电商大促的信任。根据《中华人民共和国价格法》《价格违法行为行政处罚规定》《规范促销行为暂行规定》等，促销价格应以本次促销活动前7日内最低成交价格为基准。市场监管总局曾在去年“双11”前发文，禁止采取“先提价后打折”、虚构原价、不履行价格承诺等违法方式开展促销。此外，根据中国消费者协会去年发布的“618”舆情报告，产品质量、假冒伪劣、配送质量等问题，拉低了消费者体验。今年“618”是一场信心保卫战，不能再出现涉嫌虚假促销、价格欺诈、虚假宣传等老问题，否则不但影响消费者体验，得不偿失，还涉嫌违法违规，将承担法律责任；对可能存在的预售期过长、配送时效延误等新问题，商家也要提前做好预案。

据报道，近期还是有平台商家提前10多天上调商品价格，以逃避“7日成交价”这一约束，有的商品价格几天内竟然上调千元。对于这种行为，消费者可以固定证据后向当地消协组织或市场监管部门反映。各平台也应强化主体责任，加强巡查检测，及时遏制商家违规行为，避免大促还没开始，消费者就已经有失望情绪。目前，部分平台推出了“一键价保”功能，可帮消费者找出一定时间内买贵了的商品，并自动退还差额。这些便民措施应当获得更显眼的展示入口，并推广到更多平台，用技术守护消费者的钱包，而不是让消费者自己拿着计算器反复算。消费者理性消费也好、冲动消费也好，首先应保证能让他们放心消费。只有全社会共同营造、维护好放心消费的大环境，消费这驾马车才能驶得更远。

（刊发于2022年6月1日时评版）

别让老合同接不住消费反弹

本周，暂停了一个多月的北京餐饮堂食恢复，此前上海全面复工复产，烟火气正重新回到这两座超大城市。全国不少地区通过发放消费券等方式刺激消费。有专家预测，6 月份若疫情被全面控制，消费有望“急剧反弹”。

从复工复产的情况来看，排队就餐的队伍出现了，出游的人多了，还有消费者一天下了几十个网购订单。但对于暂停多日的餐饮、美容美发、体育健身等行业来说，或许还需要更大的反弹力度，毕竟很少有人能“报复性”吃饭、理发、住酒店。部分急于“回血”的商家已启用优惠充值、打包预售等形式，以期迅速回笼资金。这种情况下，预付费这个老问题又冒出来了。

预付费乱象表面看是商家诚信问题，是卷款跑路的商家缺乏契约精神。但分析消费者投诉后发现，纠纷主要来自制度设计漏洞。在餐厅、美容院办过卡的人都知道，能给张实体卡的商家就算比较规范了，大多数时候消费者交钱、报手机号，商家登记就完事，双方签合同的极少。消费者如果办卡数量多，很可能都想不起在哪些店办了卡。如果商家跑路，消费者连该投诉谁都说不明白，自然就成了一笔无头账。

针对这个问题，近日市场监管总局上线了全国合同示范文本库，收录了各部委及各省制定的约 500 个合同示范文本，内容涵盖美发、健身、养老、教育培训等领域。如果这些合同能落实，不敢说消费者权益能得到全面保护，但至少商家不能明目张胆地挖坑，消费领域的预付款难题能因此解决不少。

以教育部和市场监管总局联合制定的 2021 版《中小学生校外培训服务合同（示范文本）》为例，其中明确规定了培训机构不得使用培训贷方式收取费用，预收费须全部进入培训机构收费专用账户，并通过银行托管或风险保证金方式全额纳入监管范围。现在大型校外培训机构基本都以示范文本为基础与学员签订合同，消费者权益有了基本保障。

合同示范文本库的本意是让消费者参照使用。但在实际生活中，合同大多由经营者一方提供。要想让示范合同成为双方契约，起到维护交易秩序的作用，除了应将文本公布出来，还要以更有力的措施在适用范围内推行使用，让合同“长出腿”，走进经营场所。这一点，单纯靠商家自觉可能不太现实，还需要主管部门、行业协会或市场监管部门引导督促商家使用合同，同时建议消费者提高自我保护意识，不要轻信商家口头承诺。大额交易如果不能提供合同，消费者应尽量选择不办理。

目前公布的合同还存在版本陈旧的问题。比如，部委制定的 97 个示范合同中，一半以上是 2004 年以前制定的，距今已有 18 年，存在滞后于市场的情况，老合同或许接不住新消费。合同签约、履约本是市场行为，但互联网平台上，经营者和消费者之间力量对比悬殊，需要一定的引导，避免过老的合同、“拉偏架”的合同影响了消费者与经营者的契约关系。如今，消费反弹之下，消费者真真切切地掏出了钱，商家要想接住，就得拿出让消费者放心的举措。报复性消费反弹总会过去，最终还是要回到拼产品、拼服务的基本盘上。有能力的商家可以在示范文本的基础上升级服务。待冲动消费的潮水退去，只有那些被认为可信赖的经营者，才更有可能等到消费者的“再来一单”。

（刊发于 2022 年 6 月 8 日时评版）

谁把“钟薛高”们变成“潜伏者”

“钟薛高们潜伏在便利店里，随时准备给那些随手一拿就结账的人一个迎头痛击。”这是今年夏天关于高价雪糕很火的一句调侃，写出了网友的自嘲式伤感。明知道贵还买，属于愿打愿挨，消费者不至于有当头一棒的意外；之所以叫“潜伏”，有没有可能是因为消费者无法了解商品价格，才导致在便利店买雪糕变成了“抽盲盒”？

在北京的两家知名连锁便利店，“潜伏行动”露出了端倪。按照《关于商品和服务实行明码标价的规定》，开架柜台等采取自选方式售货的，经营者应当使用打码机在商品或其包装上粘贴价格标签，并应分品种在商品陈列柜（架）处按规定明码标价。国家市场监督管理总局新出台的《明码标价和禁止价格欺诈规定》也强调，经营者在标价时应当做到真实准确、货签对位、标识醒目。也就是说，明码标价不是标了就算数，还得尽量一目了然，避免消费者误解。

但探店发现，这两家便利店仅在雪糕柜机的边缘处集中展示了价签，并没有在商品上粘贴价签，也没有一一对应到商品。其中一家便利店出售的两款雪糕干脆连价签都没有，销售员表示只能在扫码付款时才能获知价格。

两家便利店都是大型连锁企业，其管理模式应当是全国统一的，合理推测其他便利店也可能存在类似情况。也就是说，大概率是便利店经营者违反明码标价规定的不规范操作，把“钟薛高”们变成了冰柜里的“潜伏者”。这一行为可能涉嫌违反价格法，应当予以纠正。近几年监管部门和消费者比较关注电商平台的虚假促销和价格乱象。这次倒是提醒了大家，在某些商品和服务上，线下市场跟消费者离得更近，监管不能掉以轻心。

尽管市场上依然有一两元一支的平价雪糕，但不可否认，今年雪糕普遍贵了。高价雪糕变多，有原材料价格上涨的因素，也有各品牌推出高端产品的因素。自从钟薛高、中街 1946 等品牌为国货打开了 10 元以上的市场，不少冰激凌品牌都有了高端梦。今年“钟薛高”们取代资历更老的进口品牌梦龙、哈根达斯，成为高价雪糕的代名词，至少说明国产雪糕已经挤上了高端玩家的牌桌。

有意思的是，虽然因为涨价上了热搜，但钟薛高方面证实，自 2020 年以来，产品建议零售价不曾上涨。明明没涨价，却被消费者抱怨贵，背后有渠道和市场变化的原因——跟大多数新消费品牌一样，钟薛高从线上起家，在一二线城市迅速打响了知名度，一年上亿支的销量说明产品很对目标客户的胃口。但近两年，随着品牌积极拓展线下渠道并进入二三线城市，触达了价格敏感度较高的消费者。对这部分消费者来说，国货依然主打超低价或性价比，还没有完全建立能带来高溢价的品牌力，暂时还比不上哈根达斯等进口品牌。消费者觉得贵，其实也从侧面反映出品牌认可度在更大范围内还有所欠缺，还没有跟上渠道拓展的速度，还需继续努力。

可话又说回来，谁说进口品牌卖高价天经地义，国产品牌就只能追求性价比？在不搞虚假宣传、不踩食品安全红线、合规经营的前提下，企业有权自主选择低端或高端战略，市场会做出公平公正的判断。只是要提醒大家，高价不等于高端，无论洋货国货，品牌一定要保证自己的产品品质配得上高价格。低价也好，高价也罢，都得明码标价，不能让产品做“潜伏者”。

（刊发于 2022 年 6 月 15 日时评版）

“合规”是超前点播正确打开方式

凭借热播剧《梦华录》，超前点播换了个“马甲”重出江湖——近日，该剧的独播视频平台推出大结局点映礼观看券，售价18元，宣称邀请主演们重聚，其实主要卖点是包含大结局在内的8集超前观看券。

明明可以直接收消费者一笔超前点播费，却还煞费苦心地赠送了一场一个半小时的点映礼。犹抱琵琶半遮面背后，可能是由于去年中国消费者协会和上海消费者权益保护委员会曾点名批评超前点播，随后几大视频网站均宣布取消该项目。如今个别视频网站遮遮掩掩地重启，估计是担心市场反应和监管部门的态度。不过，担心归担心，视频网站烧钱，超前点播又能挣钱，平台哪怕担心风险，也还是想再挽救一下这只“会生金蛋的鸡”。

对此次超前点播，有消费者担心其他平台有样学样，强烈呼吁抵制，表示“坚决不当韭菜”。但也有消费者翘首以盼，截至活动开始前，已有逾70万人预约了点映仪式。截然不同的态度，说明市场需求是个性化的。这种个性化正是平台发掘增值服务的基础。打磨作品需要成本，这个成本往往不低，平台需要通过多种方式把成本赚回来。法院和消协组织也从未质疑过平台探索商业模式的正当性，允许平台在合规前提下提供增值服务，让好作品带来好收益，平台有钱赚，消费者有剧看，如此循环，才能长久。

不过，这里面有个关键词是合规。超前点播此前惹众怒，在于当初消费者购买 VIP 会员时，平台并未告知还有需要单独付费的超前点播。等到剧集火爆后，平台借势推出这一收费项目，造成会员权益实质性缩水，侵犯了消费者的知情权和公平交易权。法院也指出，如果消费者与平台签订会员合同时并无超前点播等条款，那么后期以格式合同模式更新协议、新增超前点播等影响消费者权益的服务构成违约，不对原有会员生效。

现在情况有所不同。如今，超前点播已经成了平台和消费者都熟悉的服务模式，最关键的是写进了新版合同，明确约定会员权益之外，仍有部分内容需要额外付费。新版合同大都在 2020 年、2021 年完成更新，鉴于视频网站长则 1 年、短则 1 月的续费期，目前会员与平台签订的估计大多是新版合同了。这相当于超前点播等商业模式已经拿到了“准生证”。

需要提醒的是，即便合同里有了出处，也不代表平台可以有恃无恐地启用超前点播等商业模式。超前点播最怕“烂尾”，如果消费者花钱看了个高开低走的“烂尾剧”，就会生出失望情绪，下次就不会“上当”了。

超前点播还怕没规矩。这次《梦华录》“突击式”重启超前点播，只是提前一周以 18 元预售余下的 8 集，消费者尚能调侃“就当给男女主角的婚礼随份子钱”。但是，之前有平台在播放尚未过半时就开始按集预售，甚至有的剧一共 43 集，在 27 集就安排点播，追完结局要 81 元。这种随意预售行为，侵犯消费者的知情权、选择权和公平交易权，近似竭泽而渔，而且过早剧透也会对播放量形成冲击。

如果超前点播想成为热播剧集今后的“标配”，那么平台应尽快明确规则并严格遵守。以约定的规则为基础，如果有降价、赠送等对消费者有利的调整，就可以随时实施。但是，如果想涨价或者增加收费频次，那就得等到下一个合同周期。其他的商业模式创新也应在尊重消费者权益的前提下进行。平台得明白，再冲动的消费者也不愿甘当“韭菜”。在保证用户体验的前提下追求经济利益，才是爆款剧的正确打开方式。

（刊发于2022年6月29日时评版）

版权证为何没防住盗“马”贼

最近，甘肃省博物馆推出的马踏飞燕玩偶——小绿马成了新顶流，官方旗舰店售价 99 元，预售期已排到 25 天后。奇怪的是，旗舰店里又是限购又是预售的小绿马，在同一个平台上就有“同款”在售，不仅便宜了约 40 元，而且现货秒发、量大从优。甚至有商家注册了“甘肃省博物馆马踏飞燕玩偶”店铺，专门销售小绿马。在另一个电商平台，价格更是低至 17 元，多家店铺显示已售 10 万 +，比官方旗舰店的“月销 2 万 +”还畅销。

面对消费者是否“正品”的咨询，部分小商家只强调是“同款”。可种种迹象表明，“同款”恐怕只是“仿品”的遮羞布。小绿马的创意来源于著名的马踏飞燕铜奔马，甘肃省博物馆特意为其注册了版权，并在官方旗舰店公示了作品登记证书。但从实际效果来看，版权证没有防住盗“马”贼。

是支持 99 元的正版小绿马，还是 17 元的山寨“马”？山寨小绿马满网跑，再次引出了文创产品知识产权保护难这一命题。生产销售盗版的商家最该谴责，他们堂而皇之地盗用他人心血，破坏了公平竞争的市场环境。购买 17 元山寨“马”的消费者，有一部分是知假买假，觉得一个小玩偶犯不着那么较真。针对这个问题，还需继续营造全社会尊重和保护知识产权的意识。身为版权方，甘肃省博物馆自身也有必要加大打击盗版的力度，维护好自身权益。

不过，从法律责任和运营能力来看，电商平台才是落实知识产权保护规则的主战场。电子商务法在知识产权保护的相关条款中，就将主要着力点放在电商平台，明确规定知识产权权利人认为其知识产权受到侵害的，有权通知电子商务平台经营者采取删除、屏蔽、断开链接、终止交易和服务等必要措施。电子商务平台经营者知道或者应当知道平台内经营者侵犯知识产权的，应当采取删除、屏蔽、断开链接、终止交易和服务等必要措施；未采取必要措施的，与侵权人承担连带责任。这就意味着小绿马爆红后，平台应及时启动知识产权保护措施，主动防范。毕竟连普通消费者都知道的，平台再以“不知道”“来不及”等为由坐视不管，实在有点说不过去。

此前玲娜贝儿、冰墩墩都曾遭遇山寨，但商家没有这么明目张胆。玲娜贝儿背靠有“版权狂魔”之称的迪士尼，冰墩墩则身披《奥林匹克标志保护条例》的法律保护盾，又受到监管部门的高度关注。这说明，“山寨”厂商也或多或少欺软怕硬，会躲避那些穷追不舍的企业，转而选择容易不了了之的对象。线上销售的山寨小绿马，生产源头在线下。权利人、监管部门、电商平台和批发市场等渠道应加强联动，提高侵权商家的违法成本，才能有效刹住“山寨”歪风。

还要看到，权利人和平台保护知识产权的积极性、主动性不够高，对应的是开发收益不高，仨瓜俩枣的，引不起高度重视。而不重视知识产权保护，往往导致产品刚走红就被“山寨”，维权难又使得侵权商家违法成本低，更加剧恶性循环，让网红难以长红。迪士尼注重版权，根本原因在于米老鼠、玲娜贝儿们能给企业带来巨额收益。近几年，国产 IP 的价值日益显现，有上万名消费者愿为正版小绿马埋单已经再次证明这一点。这就回到开始那个话题——只有保护好99元小绿马的知识产权溢价，让它跑赢17元的山寨小绿马，才会有更多人愿意专心创作。知识产权只有真值钱，才会得到真重视。

（刊发于2022年7月6日时评版）

反垄断法护航公平没有“偏好”

最近，国家市场监管总局先后公布了两批反垄断案件，一批是总局官方微信“市说新语”通报，陕西省市场监督管理局依法对陕西省水泥协会及 13 家水泥企业实施垄断协议的违法行为处罚款约 4.51 亿元；另一批是总局官网通报，对 28 起未依法申报违法实施经营者集中案件作出行政处罚决定，涉案企业分别被罚款数十万元。

这是反垄断法完成修订后的最新案件，引起关注在意料之中。“协议水泥涨价”与“未依法申报违法实施经营者集中”，一个被罚 4.5 亿多元，一个合计罚款约 2000 万元。按理说，罚得多的案件应该被讨论得更多。但在网络上，后者因为涉及多家平台经济巨头，一度登上热搜前几名，反倒是“协议水泥涨价”一案静悄悄地过去了。

其实，反垄断案件里没有小人物。能适用反垄断法的企业都是行业龙头，按年销售额 3% 的比例罚款都有 4.5 亿多元，可以推测受影响的消费者和下游企业规模之大。此案本身具有典型性：涉案时间长，从 2017 年 7 月份贯穿至 2019 年 3 月份；违法行为比较明显，涉案企业在协会组织或自发组织的行业会议、聚会、微信聊天等活动中，多次商议水泥产品的销售价格并达成一致，随后在统一时间多次实施了相同或相近幅度的涨价行为。

水泥是建筑行业必需的基础原料。据报道，2018 年下半年到 2019 年第一季度，全国散装水泥均价从 250 元 / 吨最高涨超 480 元 / 吨，几乎翻了一番。不是不让企业随行就市，价格属于市场调节范畴，企业享有充分的自主定价权。如果因为市场供不应求，或者原料、人工、运输等成本增加导致生产总成本上涨，企业自主决策合理涨价，谁也不会干涉。可如果涨价前，企业跟原本的竞争对手商量好要一起涨价、约定涨多少并统一实施，这就是反垄断法该管的事了。

改革开放至今，市场在资源配置中起决定性作用的观念早已深入人心，但市场之手是无形的，不能外化成微信里的聊天记录，也不能变成酒桌茶室里的觥筹交错。这种垄断协议阻碍了市场竞争机制发挥资源配置和调节价格的作用，应当及时制止。

这几年在平台经济领域，企业的合规意识不断提高，反垄断法“预防”而不仅仅是“制止”垄断行为的作用逐步显现。反倒是在一些传统领域和线下行业，市场主体对于什么是垄断行为的认识还比较模糊，或者存有铤而走险的侥幸心理。2019年4月，国家市场监管总局曾召开建材领域垄断行为告诫会。而此次被罚企业中，不乏海螺水泥这样的行业龙头及省水泥行业协会。不管他们是不懂法还是知法犯法，都说明反垄断法还没有得到足够的、应有的重视。

此次国家市场监管总局特意通报省局办理的案件，也是在向全社会传递一个信号：反垄断常态化，不是只盯着某些行业、某些企业。作为“经济宪法”，反垄断法适用于所有中华人民共和国境内经济活动中的垄断行为，以及对境内市场竞争产生排除、限制影响的境外垄断行为，没有行业偏好和所有制偏好。过去几年的反垄断执法让普通老百姓熟悉了“二选一”“掐尖并购”“低价倾销”等词汇，今后还得继续以案释法、以案普法，像普及“二选一”一样普及反垄断的相关知识。反垄断法是能劈开坚硬水泥的利剑，也是能维护市场公平竞争秩序的基石。

（刊发于2022年7月13日时评版）

后备箱集市要绚烂也要规范

有句谚语，大意是“上帝为你关上一扇门，同时也会为你打开一扇窗”，但现在有一群不等不靠的年轻人，他们自己打开了后备箱——最近，全国多地兴起“后备箱集市”，主要是年轻人聚在一起，以汽车后备箱为摊位，卖自制咖啡、甜点、玩具、芦丁鸡等。社交平台上，如北京斯普瑞斯奥莱、南京五马渡、西安浐灞等地的后备箱集市已成为网红打卡地。

从形式上看，后备箱集市似乎就是把卖东西的油布兜子从地上、平板推车上挪到了汽车上，所以有人称其为“地摊经济升级版”。但如果到后备箱集市走一走，欣赏一下那些精心设计的商品品类、价格不菲的全自动咖啡机和摊位上专门摆放的鲜花，再与笑容满面的摊主们聊上几句，就会感到不一样：后备箱集市更像是年轻人在释放创业激情，抒发他们对美好生活的向往，而不仅仅是为了谋生。而且，有些摊位明显是奔着打造品牌去的，从名字设计到新媒体运营都相当有章法。

后备箱集市与汽车文化、咖啡美食、夜生活、露营经济联系紧密，有一定的潮流文化属性，年轻人干这个不觉得跌份儿，反而觉得很时髦；做得好可日入2000多元，没有房租成本，有车就能干，看起来像是门好生意。摊主们埋头进货、销售或者亲手制作食品，顶着大太阳卖货七八个小时，算得上灵活就业的积极分子。

不过，这种新兴业态也有隐忧，主要是在知识产权保护和食品安全方面。首先是公开销售山寨版玲娜贝儿、唐老鸭等玩偶，已涉嫌违法，摊主和主办方应当抓紧清退。更关键的是，大量摊主自认为“手艺不错”，售卖手工咖啡、自制小吃等。食品安全无小事，知名连锁店使用的原材料过期几个小时就会上热搜，可后备箱集市上摊主们准备的食材通常要陪他们一起经历长时间暴晒。这些简易保温箱里的食品能不能放心食用呢？还有进货渠道、加工环境等，全凭摊主自觉，外人无从得知。

目前，集市主办方大多只要求摊主提供健康证明、身份证复印件、联系方式等，彼此之间并无强约束；有些“野摊儿”连组织者也没有，在路边、公园甚至郊区随机出摊。真要出了什么问题，摊主开着车走了，消费者连个讨说法的人都找不到。

从法律上说，这些摊主可以被视为食品摊贩，食品安全法并不强制要求其获取食品生产、经营许可证，但多地制定了管理办法，要求食品摊贩向乡镇人民政府或者街道办事处申请登记取得食品摊贩经营证，并在市场监管等部门备案。同时，要求食品摊贩在明显位置悬挂或者张贴经营证明、备案证明、健康证明等。这些流程比注册个体工商户或者企业简便得多，而且贴出了经营证的摊位可信度也比较高。建议集市主办方组织摊主们主动办理，相关部门也可以到已成规模的集市现场进行集中办理。优化“放管服”的步子向前多走一点，消费者权益保障就能再多一分。

后备箱集市发展势头猛，俨然成为“香饽饽”。除了必要的备案，相关部门不妨多关注，对于一些苗头性问题要注意规范引导，把一些好政策及时告诉他们，也防止摊主们因为不懂法律跌进什么坑。后备箱集市哪怕看起来再轻松时髦，背后也一定有外人无法想象的艰辛。给后备箱集市加点“安全”油，也许就能让各地盼望的夜经济多几分绚烂。

（刊发于 2022 年 7 月 20 日时评版）

平台发展应长短搭配合作为贵

最近，某知名短视频平台和某长视频平台达成合作，该长视频平台将向短视频平台授权其拥有版权的长视频内容，用于短视频创作。稍早前，也有其他长、短视频平台公布了合作消息。想想以后能在一些短视频平台上放心看长视频，是不是很方便？

对习惯了看短视频追剧的用户和从事二次创作的内容生产者来说，这个转变来得可能有些突然。因为就在去年，包括爱奇艺、优酷、腾讯视频等在内的一众影视平台及大批影视公司，还曾经谴责短视频行业盗用内容。随着主管部门相继发声整治短视频领域侵权行为，大量短视频二次创作作品被下架，创作者纷纷改行，去年冬天也被业内称为“剪刀手的冬天”。

短短几个月，情况大变样。友谊的小船能够荡起双桨，主要是因为大家在同一个流量池里徜徉。从短期看，短视频平台获益明显，保住了用户喜闻乐见的影视解说、一分钟看剧等内容，可以继续吸引用户，最关键的是拆除了侵权这颗“雷”，不用再时刻担心。长视频平台一方则希望短视频可以为自己引流，拿到的授权费还能反哺创作，当然，这个效果还有待观察。总体来说，以短引长、取长补短，双方在知识产权领域合作有可能实现多赢。

从平台经济发展的角度来看，这次合作的意义更加重要——它意味着超大型平台之间的合作是大势所趋，互联网生态将更加开放。

这种合作趋势符合政策导向。按照国家市场监督管理总局组织起草的《互联网平台分类分级指南（征求意见稿）》《互联网平台落实主体责任指南（征求意见稿）》，国内年度活跃用户不低于5亿的称为超级平台，国内年度活跃用户不低于5000万的为大型平台，并重点强调了互联网平台特别是超大型平台须履行公平竞争示范、平等治理、开放生态等义务。按照《指南》中的标准，抖音、快手、爱奇艺等都属于超级平台或者大型平台，开放的步子只能继续向前。

这种合作趋势也符合我国平台经济发展的客观需要。目前，有的APP用户数量已逼近我国网民数量。过去，超级平台习惯以自己为中心组织“一超多强”结构，在各个领域培育新人、建生态圈；可现在，大多数高价值领域都有人占了先机，成长为大型平台甚至超级平台，已经没有多少领域和时间让巨头们再去扶持新人了。巨头们要想进入新领域，往往需要与那些已经存在的、竞争不那么激烈的玩家交朋友。以前超大型平台拼生态圈，以后可能要拼朋友圈。

同时，这种合作趋势还顺应了用户需求。用户希望看到一个更加便捷通畅的互联网世界，平台企业不管是出于改善用户体验，还是丰富自身功能的角度，都有必要满足这种需求。上述长、短视频平台牵手的消息传出后，有网民已经开始期待其他视频平台抓紧谈合作，反映了用户呼声。

合作是大势所趋，但也得提个醒。短视频已经被证明是高效的营销引流工具，但前提是长视频内容撑得起赞美。合作达成后，长视频素材曝光量将进一步增加。如果用户对刷到的短片一片叫好，兴冲冲去看长片却难言尽兴，大量的短视频可能反而影响口碑。还有一些“水剧”，在短视频平台追完，用户可能就没有兴趣再去看长视频了。压力可能主要在长视频一方，因此他们必须加把劲儿，产出优质内容，赢得朋友的尊重，双方的友谊才能长长久久。

（刊发于 2022 年 7 月 27 日时评版）

餐馆里藏了多少预制菜？

如果你去餐厅吃饭，菜单上有两种看起来差不多的酸菜鱼，一种只要 1 分钱，5 分钟就能上菜，但是用冷冻的料理包加热而成；另一种要 100 多元，还要等 20 分钟才上菜，因为是活鱼现做。你会怎么选？

这个选择来源于生活，但实际生活中几乎不会发生。倒不是没有 1 分钱的酸菜鱼，而是餐馆几乎不会主动告知使用了预制菜。事实上，目前 80% 的预制菜销售面向商家（to B）。根据《2021 年中国连锁餐饮行业报告》，部分头部中餐快餐公司，其预制食品的占比能够接近 100%。不管是昂贵的花胶鸡、佛跳墙，还是家常的红烧肉、羊蝎子，甚至听起来很复杂的黑松露河虾仁、八宝葫芦鸭等，都有预制菜。很多时候，消费者以为自己吃的是新鲜热炒，但可能就是后厨把预制菜拿出来加热了一下。

8 月 2 日，中国消费者协会点名批评外卖、堂食中使用预制菜未告知，消费者知情权、选择权受到损害。江苏省消费者权益保护委员会近日开展的调查也显示，74% 的受访消费者不知道自己点餐吃的可能是预制菜，87% 的受访者不愿意在外卖和餐厅里吃到预制菜，高达 93% 的受访者认为商家应在点餐前告知使用了预制菜。消费者权益保护法规定，消费者享有知悉其购买、使用的商品或者接受的服务的真实情况的权利。预制菜的成本、添加剂使用情况、营养价值等跟现做现炒的菜品有差异，消费者有权且有必要知晓菜品的真实“身份”，商家不应隐瞒。

预制菜进入餐馆有其合理性。从麦当劳、肯德基等品牌的经验看，中央厨房、预制菜可显著降低食材配送成本、人力成本和租金成本，是连锁化扩张的重要支撑。中式预制菜同样有助于减少人工、提高利润、加速出餐，能全国销售，还能保证菜品出品稳定，使得中餐行业盼望已久的连锁巨头成为可能。提倡建立预制菜告知制度，不是觉得它低人一等，而是通过亮明身份，为预制菜探索更敞亮的生存空间。没准儿消费者吃了店里的干烧鱼，觉得不错，顺手就买一盒回家自己做呢？

当然，要做到这一点，预制菜还得在提高品质和技术含量方面加把猛火。《2022年中国预制菜行业发展趋势研究报告》显示，61.8%的消费者认为预制菜的口味复原程度需要改进，47.8%的消费者认为预制菜的食品安全问题需要改进。尤其在资本追风下，预制菜行业已经出现同质化、价格战的苗头，产品质量、技术研发让位于营销包装，为这个火热的行业带来隐忧。

近期，多个行业协会倡导发布了一些团体标准，希望以此拉高预制菜的行业水准。定标准会产生一定作用，部分地方特色浓郁的菜品，例如扬州炒饭、河南胡辣汤等，可由当地烹饪协会或者地理标志持有人，依据菜品的标准化生产工艺制定相应的预制菜标准。但中华美食百菜百味，还不断诞生创意菜，想为所有的预制菜制定标准或者制定一个标准规范所有的菜，不太现实。比如，食品标准经常会涉及加工方式和固形物含量，可拿东坡肘子和蒜蓉扇贝来说，两道菜的制作工艺截然不同，固形物含量也不可能是一个标准。

标准暂时拿不准的，可以让市场来规范、让法律来管。预制菜现在正在“赛马”，各个企业、各种特色菜肴争着想出头。比起定标准，当前最关键的是严格落实食品安全法，守住食品安全底线。跟所有食品一样，预制菜首先必须安全，在此基础之上，再拼口味、拼分量、拼服务，让市场之手替大家筛选出那些最能满足中国胃的产品。预制菜好不好，市场说了算；预制菜安全不安全，全社会都要管。

（刊发于 2022 年 8 月 3 日时评版）

“不老神药”是真的吗?

如何才能长生不老？这个古今中外的难题，在电商平台上，似乎有了轻轻松松的解决方案——近两年，各大电商平台热销一种核心成分为烟酰胺单核苷酸（NMN）的“不老药”。这些商品宣称经跨境电商渠道原装进口，官方海外旗舰店每瓶售价高达数千元，一般人高攀不起。但近段时间，越来越多海外购小店一边宣传“每天2粒，真不会老”，一边把售价拉低至每瓶100多元，能吃一个月。每月100多元就能青春永驻，如此便宜好用的“不老神药”是真的吗？

在科学界，NMN的抗衰老作用有一定的实验成果支持，但能否作为食品药品，目前没有定论。我国对保健品、食品或药品有严格的监管标准，例如需要进行原料及产品稳定性试验、毒理安全性评价试验等。这些工作，NMN均未完成。去年年初，市场监管总局曾组织省级市场监管部门依法排查辖区内违法经营以NMN为主要成分的“不老药”行为；同年7月，又在给十三届全国人大四次会议第1067号建议的答复中表示，NMN在我国尚未获得新食品原料、食品添加剂、保健食品和药品许可，不能作为食品和药品进行生产经营。

正因为生产经营“不老药”涉嫌违法，商家们这才绕了一大圈，舍近求远地用跨境电商把产品搬回国内——媒体调查发现，大量

NMN 产品以国外设厂、收并购国外企业等方式生产，再以“海外品牌”的名义回国销售。某些品牌号称原装进口，但商品标签不符合跨境电商商品的正规格式，且没有备案号，有的品牌甚至懒得再找跨境物流或保税仓“洗澡”，直接从国内某批发市场发货，确有可能是披着“洋皮”的国产品。

消费者不清楚这背后的弯弯绕绕，只是被商家炫酷的高科技文案种了草。而且“不老药”的“人设”很讨巧，吃下去能不能长生不老，怎么着也需要数年观察，反正在 7 日无理由退货保障期内，消费者很难看出效果。所以，在购买评价、购物分享里，消费者大多只能留下“希望有效”等美好愿望，而那些笃定吃了“能让代谢能力回到 10 年至 20 年前”“从细胞核心开始抗衰老”的分享，细看都带有广告标识。更关键的是，因为号称走跨境电商渠道，绝大多数商家不支持 7 日无理由退货，消费者就算感觉不妙，也失去了维权先机。

事实表明，“不老药”处于监管灰色地带，即使不考虑真实效果如何，也存在虚标含量、虚假宣传等乱象。《食品工业科技》今年上半年刊发了一篇论文，检测了 6 种市售 NMN 产品，发现部分产品虚报 NMN 含量，有的实际含量只有其标称值的三分之一。跨境电商不是违法商品的庇护所，其经营行为同样受我国广告法、电子商务法管辖。NMN 是不是真抗老还有待研究；以跨境电商绕过监管的方式销售是否合法，还需要监管部门和平台明确。但是，“不老药”没有实证支持的虚假宣传、虚标含量等问题应当予以纠正。

在我国，NMN 仍处于研究阶段。今年其作为化妆品新原料备案获批，说明其成分功效有一定科学性。企业想要生产销售 NMN 类食品药品，应当在相关部门的指导下，开展基础性研究，弄清楚作用机理、原料制备、生产工艺等产品技术要求，并达到标准化生产水平。如果真能合法合规地生产出有效的NMN类抗老药，何愁卖不掉?

（刊发于2022年8月10日时评版）

职业打假人应该做点啥？

还记得那个因为150碗没有标签的粉蒸肉，被职业打假人索赔10倍的案子吗？近日，重庆市高级人民法院裁定该案符合再审条件，将由该院再审。近期，安徽合肥还有多家小餐馆，因为经营类别里没有冷食加工，却在外卖平台售卖拍黄瓜，分别被市场监管部门罚款5000元。举报他们的，被怀疑也是职业打假人。

这些案件均在网上引发热议，网友们几乎一边倒地同情小餐馆，斥责职业打假人总盯着小餐馆，不敢去杠大企业。职业打假人倒不完全是在捏软柿子，一定程度上还是因为小店管理粗放，容易被抓住把柄；而大企业管理相对规范，职业打假人虽然也想揪住一个大企业，让其赔一笔巨款，但往往难以如愿。

说起来，职业打假人也算老“工种”了。它随1993年出台的《中华人民共和国消费者权益保护法》诞生，“王海现象”曾引起社会高度关注。2009年食品安全法规定“退一赔十”，吸引了大量职业打假人从产品质量领域转向食品安全领域。

目前在司法实践中，如果职业打假人以法律为依据提起赔偿诉求，法院通常会认为他们不是消费者，不予支持；只有在涉及食品、药品安全时，为了加大生产经营者的违法成本、引导其依法经营，法院才不会区分购买者是否为生活消费而购买，哪怕是知假买假，依然可能支持购买者依食品安全法等法律主张的10倍赔偿。药企普遍是大企业，而食品餐饮行业有很多小微企业甚至个体户，所以近几年职业打假人主要活跃在食品餐饮领域。

职业打假人往往向小本生意“下手”，围绕标签不合格、超范围经营等外围问题做文章，可能无法倒逼生产经营者真正重视质量和食品安全，还在一定程度上挤占了行政、司法资源。与此对应的是，遍布街头巷尾的小餐馆不仅代表了暖心暖胃的烟火气，也是普通人自强不息的象征，是稳就业、促消费的主力军之一。对小餐馆们，既要呵护，也要严管，关键是让其承担的食品安全责任与可能造成的危害相匹配。一个无法回避的现实是，有的小餐馆、小作坊食品安全隐患重重，一旦出了问题，当初在网络上无条件支持小餐馆的人，很可能会反过头来责怪监管为什么掉链子，要求罚得黑心餐馆倾家荡产。

餐饮行业多小店，食品安全无小事。制定餐馆和小作坊的卫生管理标准、要求经营者落实食品安全法很有必要，但制定标准时应多考虑实际需求。比如据报道，合肥冷食类经营项目要求有一个不低于5平方米的凉菜制作“专间”，内有独立空调和空气消毒设备等。有没有必要，或许可以再评估。

从此前爆出的食品安全事件来看，比起5平方米操作间等硬件，生产经营者的责任意识、食品安全知识等“软件”，对守护食品安全防线可能更为重要。资料显示，有的国家新开店并不硬性要求区分冷热食，但无论规模大小，必须配备有资格证明的食品卫生负责人，店主本人可以通过各地政府举办的培训讲习获得资格。这种前置培训值得借鉴。

同时，监管部门和社会公众随时在线的监督检查、明厨亮灶推广也要跟上。职业打假人的专业知识胜过普通消费者，其实可以成为社会监督的重要力量。去年出台的《市场监管领域重大违法行为举报奖励暂行办法》，鼓励社会公众举报包括食品安全在内的重大违法行为，一旦查实，最高可奖励100万元。这样正大光明又能“替天行道”的挣钱途径，是不是可以试一下呢?

（刊发于2022年8月17日时评版）

如何挑一篓靠谱“纸螃蟹”

秋风起，蟹脚痒，螃蟹跟月饼一起闪亮登场。今年多部委联合发文，对超过500元以上的月饼礼盒重点监管，但螃蟹躲在价更高、水更深的地带，还没有引起足够重视。尤其是螃蟹券里的套路，让众多消费者觉得乱糟糟。

蟹券的第一个套路就能把人整蒙圈，姑且称之为虚标价格。市场上的蟹券有468型、2688型、12888型等各种型号，仅比正规标价差了个“元”字，暗戳戳示意价格不菲。可实际上，这些“标价”与实际售价并无直接联系，也没有统一标准。比如，某品牌2688型的实际售价为743元，另一个品牌12888型的实际售价只要338元，88888型实际售价为988元。

询价得知，印制1000张螃蟹券的报价为200元，券面金额由定制者自行决定，想标多少都行。看起来，螃蟹券的标价跟螃蟹的品质不成正比，而是跟商家的“胆子”成正比；购买蟹券一般是为了送礼，纸螃蟹的身价又与送礼人的面子成正比。5毛钱就能做到“看上去很美”，在这种情况下，广告法规定的“广告不得含有虚假或者引人误解的内容，不得欺骗、误导消费者”，价格法规定的禁止“利用虚假的或者使人误解的价格手段，诱骗消费者或者其他经营者与其进行交易”，以及电子商务法、消费者权益保护法和《网络交易监督管理办法》《规范促销行为暂行规定》中的条款，统统被抛到了一边。

蟹券的第二个套路是重量注水、品质存疑。螃蟹规格号称从 1.0 两到 6.5 两，有的宣称是净重，有的坦言带绳称，弹性空间很大，有时消费者花 4 两蟹的钱，实际到手不足 1 两。因为买券时间一般早于螃蟹上市时间，购买者很难第一时间验货；买券的人可能并不用券，用券的人没花自己的钱，对螃蟹品质懒得较真，这就为纸螃蟹留下了"吹牛"空间。

种种迹象表明，在螃蟹券的"江湖"中，蟹会虚胖，价是虚高，行业有虚火。纸螃蟹"吹牛"不好管，主要因为存在购买者与使用者分离、购买时间与使用时间分离、购买价格与券面价格分离的特点。在这一过程中，市场秩序受到一定冲击，诚信体系出现漏洞，还有不正当利益输送的嫌疑。因此，就算消费者能忍，监管部门也不能放任纸螃蟹"吹牛"。

近期，市场监管总局表示要在全国开展为期两个月的商品过度包装、"天价"月饼和蟹卡蟹券专项整治。希望专项整治首先督促商家改变虚标价格的"擦边球"做法。目前，部分商家使用客观描述给螃蟹券分类，类似"公 4.5 两母 3.5 两共 8 只"，避免了价格误导，一目了然。

螃蟹不是标品，规格、产地、公母对品质和价格的影响非常大。我国已有阳澄湖大闸蟹、高邮湖大闸蟹、兴化大闸蟹等多种地理标志产品，但普遍缺少包装规范。下一步，应鼓励各地完善包装标准，并积极承担申报、推广地标产品的责任，用地标产品带动行业规范化发展。

作为销售螃蟹券的主渠道，电商平台也应加强监督。今年多个平台要求商家提供完整的资质证明、检测证明等，尤其是与销售数量吻合的养殖、采购合同，防止纸螃蟹超发，兑不出真螃蟹。消费者如果想囤一点靠谱又划算的纸螃蟹，最好在大平台选择地理标志产品，注意看蟹券对应螃蟹的具体规格，品质更有保证，也能减少纸螃蟹“跑路”的可能性。

（刊发于 2022 年 8 月 24 日时评版）

守住食品安全这条底线

火锅“一哥”海底捞最近连上热搜，先是上半年财报亏损，让市场惊呼“年轻人抛弃了海底捞、抛弃了火锅”，接着又因为猪肚鸡锅底疑似使用预制品，让一众“粉丝”担心养生锅底喝了个寂寞。

猪肚鸡锅底受到的质疑，反映了消费者对预制菜食品安全的担忧。很少有人愿意在餐厅喝一锅有各种添加剂的汤，可大家也逐渐意识到，预制食品已被餐厅广泛使用。其实只要严格遵守国家标准，预制食品的安全性基本不会出问题。如果以后海底捞能提前告知哪些是预制，可能消费者就容易接受一些。社交平台上有消费者晒出打包的猪肚鸡料包，并表示“太爱”这个锅底，证明消费者不是完全拒绝预制，而是不愿意被蒙在鼓里。

亏损代表了某种危险趋势，翻台率下降，社交平台上吐槽价格贵、服务缩水的帖子增多，应当引起企业高度重视。但客观讲，在餐饮行业普遍为上座率发愁的时候，还期望有上千家门店的海底捞保持高翻台率不太现实。今年上半年，全国疫情多点散发，餐饮消费受冲击较大。国家统计局数据显示，今年 3 月份、4 月份、5 月份全国餐饮收入同比下降达 16.4%、22.7%、21.1%。近几个月各地发放上亿元餐饮消费券，正是为了替行业纾困。

我们此时谈论消费者会不会抛弃海底捞，其实是在关心整个餐饮行业能不能重现荣光，毕竟餐饮业是市场主体最集中的行业之一，关系着很多人的饭碗；谈论要不要吃海底捞的猪肚鸡，其实是在关心是否可以保障食品安全和消费者的知情权。众所周知，大品牌的管理标准代表了行业天花板，海底捞怎么做，对行业具有示范效应。

餐饮行业复苏已有乐观苗头。在精准疫情防控政策实施背景下，加上消费券带动，近期居民外出就餐增多，餐饮消费需求持续恢复。7 月份，餐饮收入同比降幅比 6 月份收窄 2.5 个百分点。

消费复苏中，年轻人会不会首选海底捞不好说，但他们肯定没有抛弃火锅。美团发布的数据显示，去年火锅到店消费订单数占总比达 11.3%，仅次于客单价较低的小吃快餐，且年涨幅达 50.3%，势头旺得像沸腾的牛油锅。目前，在大众点评搜索各地热门餐厅排行榜，前 10 位里至少有三四家主打火锅，不仅海底捞部分门店再现等位的情形，还多了不少其他的品牌，有的到晚上八九点还有几十桌在等位。

这说明，作为年轻人最热衷的餐饮品类，火锅江湖没有冷场，只会有人不断上场和下场。为了抢占其他品牌腾出的市场空间、吸引爱尝鲜的年轻人，火锅店拼命“卷”创意。最近流行的火箭鱿鱼、千丝黄喉、韭菜腰丝等菜品，从形式到口味都比较独特，还有的火锅店“兼职”甜品店，很符合年轻人社交加拍照的打卡需求。餐饮企业能不能让年轻人回来排队，还得看能不能抓住年轻人的胃，或者更直白些，抓住年轻人的朋友圈。

在这方面，海底捞有点先发优势：它是社交属性最强的餐饮品牌之一，“和所有的烦恼说拜拜，对所有的快乐说嗨嗨”引发“粉丝”大合唱，推个新品、发现某个“社牛”“社恐”的顾客都能上热搜。经常上热搜，代表企业很受消费者关注。不过，细数食品餐饮企业的热搜，食品安全引发的要占一大半以上。这提醒企业必须守住食品安全这条底线，先保证消费者吃得放心，再提供热情服务或适度服务、新菜品或老几样，让消费者各取所好。

（刊发于2022年9月7日时评版）

平台使用大数据应更谨慎

你有没有遇到过大数据“杀熟”？北京市消费者协会发布的最新报告显示，超六成受访者表示自己曾被大数据“杀熟”，超七成受访者认为存在此类现象，尤其是网购、在线旅游消费、点外卖、打车和购票等场景。

消费者感知与消费者协会报告基本吻合。不过，仅凭消费者“觉得”，就想证明大数据“杀熟”非常困难。如果有消费者爆料，平台方可以坚持这只是交易双方对千人千面的定价有不同理解，再加上促销红包、新用户优惠、库存变化等导致实时价格波动。

北京市消费者协会这次也“扑了个空”：对淘宝、京东、拼多多、携程、去哪儿、美团外卖、饿了么等 18 个常用网络平台进行的消费体验调查显示。在 63 个消费体验样本中，虽然有 27 个样本新老用户价格不一致，但主要体现为新老用户享受打折优惠额度不同，或者享受打折优惠种类不同。报告对此表示，没有发现明显大数据“杀熟”问题。

在司法实践中，认定这类问题同样困难。此前，某在线旅游平台钻石贵宾因为订房价格比普通用户高两倍，起诉该平台，被媒体称为大数据“杀熟”第一案。但最终，法院终审判决认定平台疏于对供应商的管理，构成消费欺诈，并未认定大数据“杀熟”。

证明大数据“杀熟”之所以这么难，很大程度上是因为技术的不对等。在这方面，平台企业投入的资金、人力远超过消费者和监管部门。相应的，企业掌握的算法、算力技术含量也远超后者。因此，它就像一把无影刀，看似刀光剑影，却没人见过刀长什么样。

近两年，大数据“杀熟”已被列入重点盯防对象。今年6月，中国共产党中央全面深化改革委员会会议曾提出，要加强平台企业沉淀数据监管，规制大数据杀熟和算法歧视。7月，市场监管总局公布的《价格违法行为行政处罚规定（修订征求意见稿）》拟规定，对电商平台大数据“杀熟”将给予警告，可以并处上一年度销售总额1‰以上5‰以下的罚款。按头部平台高达数千亿元的年营收来算，罚金可达数亿乃至数十亿元。重罚，也许能引导平台企业更谨慎地使用大数据。

其实，平台企业也怕大数据“杀熟”，因为不管有没有被证实，类似的指责都会给企业信誉带来不小的杀伤力，还容易引来监管关注。在内外压力下，平台企业对部分引发此类揣测的做法进行了调整。今年的调查中，认为存在大数据“杀熟”和有过相关经历的受访者比例均比去年下降两成多，证明整改取得了一定成效，但从结果来看，还需要在规则透明度、公平性方面再下功夫。另外，根据个人信息保护法，平台还应当设置个性化推送的关闭键，或许能避免“瓜田李下”。

出于方便考虑，不少消费者并不反感平台为自己推送感兴趣的商品和信息，只是反感滥用算法。从全球来看，大数据及算法已成为平台企业的核心竞争力之一，是数字经济全球竞争的重要部分，一刀切禁止算法是不可能的。对平台企业来说，比起被动应对消费者爆料带来的一次次舆情危机，或者可能落在身上的巨额罚单，倒不如主动聚焦如何改进自身服务以消除消费者疑虑，提升消费者信任感和忠诚度。放下大数据“杀熟”的刀，也许反而能换来更可持续的复购。

（刊发于 2022 年 9 月 14 日时评版）

小程序电商要抓紧补“屋顶”

据多家媒体报道，一个名为“易联购线上商城”的微信小程序，号称低价预售 iPhone 14 手机，却在收到大量订单款后跑路失联了。同时，一则疑似易联购讥讽上当者的公告在网络上流传，把事件推上热搜。

易联购跑路背后，体现出小程序电商在一定程度上存在交易漏洞和监管盲区；对事件的关注不应只停留在吃瓜和看戏上，还要问责任怎么分、消费者损失谁来还，以及今后怎么管？

很多人都在小程序里点过奶茶、订过酒店、买过各种商品，一般消费者可能不了解，跟传统电商平台相比，小程序背后提供服务的架构大不一样，消费者的权益保障程度也不一样。在传统电商平台，商家通过官方入驻，平台从资质审核到收货付款全链条监管商家，视情况依法与平台内经营者承担连带责任。然而在小程序里，如何对交易过程进行监管还是个没有定论的新问题——以易联购微信小程序为例，在微信平台注册后，SaaS 服务商微盟为易联购提供进一步搭建；入驻小程序时，又是微信对易联购进行营业执照等资质审核；易联购申请了微信支付后，微信可了解其交易流水，但无法直接监管商家的交易、订单、物流等数据。

总之，由于法律并未明确小程序电商的监管主体，所以微信和

SaaS 服务商也拿不准自己该管到什么程度，这就为易联购跑路留下了漏洞。

我国对电商平台有严格的监管要求，平台也制定了各种保障资金安全、交易安全的措施。有些电商平台实行资金托管，消费者确认收货后才会转给商家。但在小程序电商里，这些内外部的防火墙还没有完全建立起来。易联购就是典型——购买者付款后，钱款直接到了商家账上，很快被提现转走。

在小程序电商领域，采用类似易联购交易模式的商家还有很多。从这个角度讲，易联购跑路是偶然中的必然，只要漏洞存在，今天不是易联购跑，明天也可能是其他商家跑。实际上，近两年已出现过多起小程序商家卷款跑路事件，有卖手机的，有经营数字藏品的，还有虚假卖茅台酒的，只不过没引起足够关注罢了。

易联购成立于今年 7 月。一个成立才 2 个月的线上商家，就能在短短几天内让众多购买者掉入陷阱，不仅是因为 iPhone 14 的吸引力强，还因为消费者已经对网购建立起信任。哪怕买双袜子，大家都默认能退款，买手机更应该支持 7 天无理由退货退款，谁承想还有商家能卷款跑路。消费者基于对网购大环境的信任下单，小程序电商不能一边受行业滋养，一边扯行业后腿。《2022 上半年小程序互联网发展白皮书》显示，微信、支付宝、抖音、快手等多个平台小程序数量超过 750 万，其中多数涉及销售业务，需要尽快明确小程序电商相关参与方身份，以承担相应责任。目前，微信小程序平台正在内测交易保障功能，针对交易信用良好的商家开放“交易保障标”认证入口，说明平台已经意识到身上的责任。俗话说，补漏趁天晴。眼下小程序电商发展势头正好，商家愿意配合、消费者能够包容，应该抓紧补上“屋顶”的漏洞，其他相关各方也应共同守护行业秩序。否则，等消费者的信任被一再消磨，想修“屋顶”就晚了。

（刊发于 2022 年 9 月 21 日时评版）

“边角料”零食靠谱吗?

最近，一些自称为“边角料”的食品成为年轻人的新宠。诸如虎皮蛋糕碎、卤鸡蛋碎、碧根果碎、秋葵碎等，喊出“按斤囤、不心疼”，销售火爆。《2022Q1 魔镜消费新潜力白皮书》显示，2022年一季度，仅淘宝、天猫零食边角料销售额就超过 2000 万元，同比增长 1749.23%。对此，网友评价两极分化。喜欢的人觉得便宜大碗，好吃不贵；抵触的人称其为“智商税”，觉得不放心。看似矛盾的观点，恰恰说中了边角料零食的红与黑。

边角料零食最初走红是因为便宜。比如雨润火腿，整根 380 克售价 24 元，但分量更足的 500 克装火腿碎头只要 15.5 元，便宜了差不多一半。便宜归便宜，从几款热销商品来看，质量似乎没毛病：雨润火腿碎头的实物长约半个手掌，很像整根火腿对半切开；果丹皮碎，除了不是一个一个的单独包装，跟完整版区别并不大；秋葵碎倒是名副其实的小碎块。最关键的是，这些零食食品生产许可证号、执行标准、厂家信息完整，让不少网友开心地表示自己实现了“零食自由”。

边角料零食走红，是生产端和消费端共同变化的结果。在生产端，边角料零食大多是厂家出于节约损耗、提高利润的考虑而生产，比如雨润火腿客服证实，火腿碎头是雨润生产过程中切割下来的副产品；桃李面包旗舰店销售的面包边，其经销商是桃李面包的子公司。随着电商平台DTC模式兴起，越来越多的工厂得以直面消费者，自产自销的边角料零食也被千里之外的消费者挖掘出来。

在消费端，用消费降级形容边角料零食不一定准确。很多消费者没有认真比价就下单，说明他们未必真是为了省那点钱。这更像是他们选择了一种花钱不多、乐趣不少、一切刚刚好的消费方式。几块钱、十几块钱就能满足好奇心，还能发社交平台“涨粉”，在某种程度上，边角料零食成了注意力经济下的一种新社交货币：省钱不是目的，吃也不是目的，打造购买者会过日子又很时髦的人设才是关键。

边角料零食从去年开始流行，今年推荐的博主多了，实际售价贵、品质难保证等“黑料”也随之而来。当边角料零食成为流量密码，大量商品开始在描述关键词里增加“边角料”字样，以提升曝光量。其中，有的是“正规军”来蹭热度，未必真便宜。比如一种卤鸡蛋碎，实际上是给健身人士定制的卤蛋白，200 克售价 9.5 元，可同品牌分量相近的完整卤蛋售价仅为 7.6 元，反而还便宜些。面对这种“降身份不降身价”的营销策略，消费者不妨算一算单价再下单。

至于有人担心的质量问题，主要是不少边角料零食来自不知名小厂，消费者信不过。按照食品安全法，正规食品包装上应有食品名称、配料表、生产者及经销者的名称、地址、生产日期、产品执行标准号、食品生产许可证编号等信息，消费者可核实后再购买。作为食品，哪怕只卖 1 分钱，其生产、监管标准也应与售价更高的食品一致。销售平台应继续加强监督，审核商家资质和商品情况，为消费者把好关。

边角料零食没有过度包装，符合节约环保的理念，能为企业降本增效，让消费者多得实惠。如果更多知名品牌愿意生产，不失为性价比之选。以前怕消费者不接受，现在很多消费者不仅愿意尝鲜，还表示“按斤囤吃不完”、想要小包装版本。品牌方可以考虑一下，没准儿零食碎能做出大市场。

（刊发于2022年9月28日时评版）

“双 11”能否继续打动消费者

今年“双 11”购物节刚开始，就有平台发出“开卖 1 小时 102 个品牌销售破亿元”的喜报，消费者反倒有点冷热不均：有的积极领券凑满减，有的因为“太烧脑”无动于衷。

从晒单来看，有消费者通过细致谋划，把满减、签到红包、客服优惠券等优惠规则都用足，“双 11”确实有不少心动好价。可当初“双 11”一战成名是因为直接 5 折的无“门槛”优惠，为啥后来不再直接打折，非要把优惠搞得这么复杂？这背后，有个概念叫“价格歧视”。烦琐的优惠券规则就是要筛选出对价格敏感、愿意多花时间的消费者，和对价格不敏感、时间宝贵的消费者。这样一来，到处领券晒单的消费者帮商家完成了造势预热，而懒得费心思领券的消费者花了高价。

算盘打得响，尺度拿捏不好，就容易因规则复杂、虚假宣传引发消费者抵触。近几年平台推出的各种玩法，乍一看优惠多多，算一算套路满满。用户吐槽很形象：这些设计规则的人是欺负我们没有学过数学吗？

针对“双 11”乱象，每逢大促，市场监管部门都要发布网络促销规范，可三令五申，收效不佳。今年又有媒体发现部分商家继续搞先涨价再降价的套路，有的商品一周反复调价 4 次，总价 2000 多元的商品，预售价格比促销前还贵了 230 元。

如今，中国经济发展正向更多依靠国内循环特别是消费需求拉动转变。经过 10 多年培育，“双 11”已成为具有一定风向标意义的消费节点。一到 10 月底、11 月初，消费者买东西的时候总会下意识地想要不要等“双 11”，商家也愿意用低价冲业绩。这种能撩动神经的期待就是“双 11”的价值。不仅如此，“双 11”还是传统产业数字化转型的加速器，其他行业通过与电商合作，提升了数字化、信息化水平。在中国最具代表性的消费节点，依然存在阻碍消费的行为，这样的“双 11”似乎不符合高质量发展要求。

“双 11”要想继续嗨，就得认真改。眼下流量红利见顶，企业急需借大促的东风向市场传递积极信号。要担起这个重任，“双 11”拼低价也要拼服务，冲销量不如冲口碑，可能需要用包含新鲜体验、物流、售后在内的整体性价比，再度打动消费者。

比如，从近几年中国消费者协会发布的“双 11”舆情报告来看，消费者对物流、退换货等售后反映比较强烈。“双 11”前夕，有的平台推出了全场包邮，还有的平台升级了运费险，退货运费全免。用几块钱的邮费或运费险撬动成百上千元的销售额，平台和商家是划算的。还有，消费者一直很头疼快递员不肯送货上门。从菜鸟提供的数据来看，一单补贴 1 元多钱就能有效激励快递员送货上门，换来消费者收货体验的大幅提升。如果这些服务能够减少消费者的犹豫，激励他们下单，“双 11”也许能扛起展示消费信心的大旗。

“双 11”曾经探索过中国互联网的峰值。事实证明，当时的峰值就是后来的常态，移动支付、网络交易、快递物流等基础设施在一次次极限承压中快速完善，推动中国成为全球第一大网络零售市场。现在，“双 11”能不能探索购物体验和消费者权益保障的“峰值”，让中国成为全球网购最放心、最省心、最舒心的市场？这可能比便宜几十元钱更重要，也更有意义。

（刊发于 2022 年 11 月 2 日时评版）

上门做饭服务是好生意吗？

最近网上兴起了一种为陌生人上门做饭的服务，发帖者大都是家庭主妇或美食爱好者，做4个菜报价60元左右。他们只要在社交平台晒出几张家常菜的照片，标注“上门做饭”，底下就有一堆人追着问能不能来自己家做饭。留言的基本是自己不会做饭又不愿再吃外卖的年轻人，以及需要特殊饮食的孕妈、小孩和老年人。每一条询问上门做饭的留言，似乎都在诉说消费者对美好生活的向往。

利用空余时间上门做饭，跟有车的人上下班路上接顺风车、有房的人把多余的房子租出去等方式类似，都算共享经济。但上门做饭不需要资产，只需要技艺，“门槛”低得多。从上门“煮”妇、“煮”夫们的晒图来看，会炒西红柿鸡蛋、香菇油菜、青椒肉丝也能撑起这种灵活就业方式。有位小“煮”妇甚至表示，自己没什么拿手菜，客户想吃什么她就当场看视频学做，“不好吃不收钱”。

美好的一面说过了，得说点冷静的话。从收入来看，上门做饭谈不上“钱途”光明。首先，受众有限，食材加人工可能比点外卖还贵，愿意花钱的人注定是少数；其次，洗菜、切菜、炖煮耗时不短，再加上路途时间，一个人一顿饭只能服务一家。工作日客户赶时间，经常会要求吃饺子等面食，包60个饺子才收20元。几十元上百元的“大”单子，往往只能等周末。所以，不少上门“煮”妇、

“煮”夫们的每月收入很少超过2000元，远不及长期受聘的家政阿姨。

同时，请陌生人上门做饭存在安全隐患。除了雇佣双方的人身安全，主要担心食品安全风险。沟通中，绝大多数上门做饭者表示自己没有餐饮从业人员、家政人员必备的健康证。由于是个人行为，约定时间和服务内容全凭雇佣双方私下沟通，一旦出现爽约、口味不佳或者烫伤、摔碎厨具等意外情况，也可能产生扯皮纠纷。现阶段，作为信息中介、从流量中受益的平台，可能需要承担一定的监督职能，或许可以尝试对开展此项业务的发帖者审核备案。

赚钱不多、风险不小、麻烦不少，预示着定位于解决家庭日常需求的上门做饭，恐怕难有理想的市场规模。尽管如此，这种现象依然值得关注，其中也蕴含商机。

上门做饭不是新事物。2013年前后火热的O2O浪潮中，市场上曾出现过一批主推私厨上门的创业项目。借力资本，一时风光，不少消费者都薅过“9.9元请大厨做饭”的羊毛。在企业管理下，正规厨师的手艺和服务水平可能还超过了如今这些业余选手。可惜消费场景有限、经营成本过高，失去资本输血后，私厨上门企业只能黯然离场。

风水轮流转。当初外卖是靠着快捷便宜占领了消费市场，让大厨们吃了闭门羹。时隔多年，吃腻了外卖的消费者却又把大厨请进门。只不过，这一次大厨们从百亿元补贴的O2O变成了灵活就业的C2C。这说明，消费者吃得更好、更方便、更健康、更有性价比的需求始终存在，且一直在变化中，需要市场来满足。

不久前，住建部、民政部联合提出，将在试点社区配建公共食堂等便民设施。社区食堂与上门做饭的目标客群高度重合，都是需要高效率、高性价比解决吃饭问题的人。在社区食堂之外，现有的餐饮行业若能顺应消费者需求，也许可拉动一条新增长曲线。最近，市场上已出现企业商家承接上门做饭业务，效果有待观察。若要问灵活就业者做的西红柿炒鸡蛋有啥不一样？一盘从自家厨房端出来的炒菜，总归多一点家的味道吧。

（刊发于 2022 年 11 月 9 日时评版）

高端家政服务价格应回归理性

还记得那个“名校毕业生求职保姆、月薪3.5万元”的热搜吗？虽然前段时间这则广告因虚假宣传，被市场监管部门罚款20万元，但它反映的所谓“高端家政”市场真实存在，其中又以能辅导孩子的“学习型”阿姨居多。她们学历大专起步，平均本科，不乏“985”等名校毕业生，甚至还有“海归”、硕士。

简历如此亮丽，一般家庭直呼“高攀”不起。据中介透露，高学历阿姨的月薪2万元起，根据学历、能力和从业经验，高的可达5万元，还是包吃包住的纯收入。麦可思《2022年中国大学生就业报告》曾指出，2021届本科、高职毕业生平均月收入分别为5833元、4505元。对比之下，高学历阿姨虽然听起来不够光鲜，却能赚钱，现在干这行的大学生日益增多。

一说起高学历阿姨，容易让人联想到是不是假借“高端家政”之名开展课外培训。不过从实际工作看，她们大多只是辅导作业，与课外培训不能画等号。经历过作业辅导加陪上网课后，不少焦虑的父母都迫切需要能辅导学习、照顾孩子的帮手。用一位雇主的话说，是“怕自己被娃气出病，咬牙花钱买清静”。

此外，家政服务人员还可细分为专业护理失能老人的、善于做营养餐的，以及早就被人熟知的月嫂等，月薪从大几千元至数万元。

不管哪种，本质上都是适应老百姓个性化、刚性需求的精准型家政服务。部分从业人员令人咂舌的高收入，实际上是该细分领域供需高度不平衡带来的溢价，不能简单说是“噱头”。

找阿姨难，找个好阿姨更难。目前，家政行业整体服务水平不够高。大学生被认为是“天之骄子”，真正入行的学生总数不算多。可若问大家，你是愿意找一个会用各种家用电器、能盯着孩子写作业或者能给老人做康复按摩的人，还是找一个啥都要从头教、还不一定教得好的人？相信大多数人会选前者。这种从业者现状、观念与实际需求之间的矛盾，反映到市场上，就是雇主需要承担高工资和高中介费，才可能找到略高于行业平均服务水平的人。

成本高、供给少，决定了现在只有少数家庭才用得起“高端家政”。然而，对高品质家政服务的需求是普遍存在的。近期，人社部公布的二季度最缺工职业排行中，“家政服务员”位列第八。人社部将“家政服务员”定义为从事家务料理、家庭成员照护、家庭事务管理等工作的人员，充分体现了相关部门支持发展高品质家政服务的态度，也再次表明家政人员存在巨大缺口，服务升级势在必行。

此前，国务院办公厅印发的《关于促进家政服务业提质扩容的意见》（以下简称《意见》）提出，原则上每个省份至少有1所本科高校和若干职业院校开设家政服务相关专业。但是补缺口不能只要求学生转变择业观念。他们不愿意进入这个行业，除了观念包袱，还因为目前家政服务行业缺乏国家认可的职称体系，上升空间较狭窄。如果家政人员能一步步升至家政经理之类的岗位，再加上《意见》提出的五一劳动奖章、三八红旗手等评选表彰倾斜、积分落户优惠，也许会多一点职业吸引力。

同时，行业虚假宣传、资质存疑等乱象也亟须整治，应尽快完善行业标准、开展家政服务质量第三方认证等。家政行业只有成为一个规范有序的市场，才能吸引人才、形成竞争，让百姓期盼的高端家政服务价格回归理性。

（刊发于2022年11月16日时评版）

净化直播间环境离不开监管

最近，“粉丝”过亿的主播“疯狂小杨哥”被职业打假人王海质疑其带货的商品存在“虚标功率”等问题，引起网友热议。

此前，有头部主播卖过假燕窝、煎煳了鸡蛋的不粘锅，至于中腰部主播货不对版、质量堪忧就更多了。虽然“粉丝”是冲着对主播的信任才下单，但要明确一点，主播们通常只是销售员，并非商品生产商或经销商。有时候，连销售话术也是厂家提供的。

这意味着直播间不是问题的关键，线下种种不规范的生产销售、标准滞后等问题才是。直播间更像一个放大器，引发了社会对相关问题的关注。这次的“虚标功率”等问题如果被证明属实，也只是掀开了家电行业的隐藏面。相关案例在网络上已有大量消费者投诉，从电磁炉、空调、电吹风到充电宝，五花八门，被投诉对象不乏知名品牌。这表明净化直播间消费环境，离不开整治线下市场秩序。

当然，并不是说主播们没有责任。直播间也是加速器，一个个主播从素人起步，几年就获得了传统企业几十年才能积累的影响力、销售额，其企业的规范化管理、对法律的了解和落实、对供应链的掌控不一定都跟得上。稍不留意，就可能产生问题。以超级主播们的影响力，就算卖同样的商品，一旦出问题，大家也只会盯着他们，这是流量的双刃剑。大企业不惜人力、物力，搭建法务、税务、风控、合规等部门，主播们既然选择了直播带货，也有必要将相关法律法规当作案头书，请公司法务部门时时提醒，避免踩线。

超级主播和职业打假人是一对老“冤家”。转战互联网后，职业打假人的逻辑在变化。他们依靠相对专业的质疑制造舆论话题，从话题流量中获得收益。流量对流量模式下，职业打假人自然会盯着头部主播。从某种程度上来讲，此时职业打假人扮演了专业型社会监督者的角色，代表普通消费者提出质疑，主播们应当正视。

对监管部门来说，如何监管超级主播也是新课题。超级主播们虽然以个人身份出现在屏幕前，但实际是以公司形式运作，其数千万、上亿的“粉丝”量已接近超大型平台的用户数，其带货业务也类似电商平台的撮合交易功能，单日最高上百亿元的成交额甚至已超过部分平台企业，更不用提他们对“粉丝”的超强黏性和影响力了。此时，若还将主播及其背后的公司视为单个自然人或是普通的小微企业来监管，可能会有所遗漏。监管部门有必要优化对超级主播的监管，超级主播亦可参考超级平台，强化自我约束。

有观点认为，从目前来看，超级主播们应向电商平台学三点：一是注重产品审核；二是强化消费者权益保护；三是注意广告宣传合规。超级主播集亿万“粉丝”信任于一身，带货前仅仅像普通广告商一样检查产品资质手续是不够的，出问题后声明手续合规、将链接下架、只让商家回应消费者更不够。既已成为有巨大影响力的网红，就没法低调地“闷声发大财”。顶流主播应有顶流服务，售前、售中、售后都要比普通商家做得更好，才配得上“粉丝”的无条件信任。如何塑造与影响力、收益匹配的企业管理制度和消费者保障体系，这是主播们需要琢磨的一课。

（刊发于 2022 年 11 月 23 日时评版）

商标品牌的能量不可低估

最近，不少人发现美食类自媒体日食记出品方上海罐头场文化传播有限公司质押了 86 件商标，包括“日食记”“日食记体验馆”等，质权人为某银行。

企业质押融资通常存在两种情况：一种是遇到困难，需要资金周转；另一种是扩大再生产需要资金做撬板，单从商标质押难以准确反推日食记经营状况。猜测日食记为何要质押“日食记”，不如探讨日食记为何仅靠看得见、摸不着的商标就能融资，对其他市场主体更有借鉴意义。

2013 年，日食记靠着一段制作圣诞姜饼人的短视频走红。此后，创始人姜老刀成立公司，以收养的名为酥饼的流浪猫和温馨美食为卖点，创作了大量短视频，随后又开发系列食品。目前日食记全网“粉丝”超 6000 万，单品累计销售超 100 万单，算得上美食类自媒体的头部企业。发展过程中，日食记及时将经营成果转化为知识产权。企查查数据显示，上海罐头场文化传播有限公司名下有 407 件商标，包含“日食记”“懒人食堂”“姜老刀”等，为企业积攒下一笔不小的无形资产。

虽然企业在发展，但自媒体账号是虚拟的，系列食品是其他企业代工的，日食记自身并没有多少硬资产，恐怕还不算银行传统意义上的优质客户。然而，作为轻资产的内容创业公司，“日食记”相关商标能从一向看重抵押物的银行贷出钱来，说明企业品牌得到市场认可，商标具备一定经济价值。从大的背景来看，反映出我国强化知识产权保护、优化营商环境取得明显成效，知识产权创造进入量质齐升的新阶段，知识产权市场价值进一步凸显。

加强知识产权保护，是完善产权保护制度最重要的内容，也是提高中国经济竞争力最有效的激励。如果市场中仿冒商标肆意流通，会使商标权利人利益受损，银行评估商标价值的时候也可能迟疑。近年来，我国一方面加大仿冒商标打击力度，并从整顿代理机构着手，从源头上遏制商标“碰瓷”；另一方面，我国积极推动知识产权质押融资、转化运用，建设激励创新发展的知识产权市场运行机制。

数据显示，2021 年我国专利商标质押融资金额达 3098 亿元，服务企业数量为 10 年前的 10.6 倍；今年上半年为 1626.5 亿元，同比增长 51.5%。其中，1000 万元以下的普惠项目 7345 项，同比增长 112%，有效缓解了一批中小企业的燃眉之急。

据说可口可乐总裁曾表示，即使全世界的可口可乐工厂一夜之间被烧毁，凭借可口可乐这个商标，第二天就能让所有工厂重建，几个月就能东山再起。这就是商标品牌带来的巨大能量。日食记的品牌价值当然无法跟可口可乐相比，“日食记”商标质押的更大意义在于让更多市场主体注意到知识产权具有的融资价值、“解渴”功能，助力满足企业资金需求。

截至 2022 年 9 月份，我国发明专利有效量为 408.1 万件，有效商标注册 4152.3 万件。有融资需求的创新型企业不妨盘点一下自己的知识产权库存，发掘企业发展的金融富矿。

（刊发于 2022 年 11 月 30 日时评版）

防押金难退陷阱还要有高招

近期，国家市场监管总局下发通知，在吉林、广东、四川、新疆4省区开展消费投诉信息公示试点。与此同时，江苏省消费者权益保护委员会消费投诉信息公示系统也已正式上线。短短一个月已有不少“料”，从县里的小超市售卖过期食品到知名企业不发货、不退款，不少被投诉商家均在公示之列。

消费投诉信息公示制度并非新概念。2017年底，原国家工商总局曾印发通知，要求在全国范围内全面开展消费投诉公示试点。从试点经验来看，各地主要集中展示被投诉企业名称、投诉问题及处理结果，还有的地方会定期公布投诉量最多的企业。有店主坦陈，被公示之后，每天的客流量明显下降。形势倒逼商家必须主动解决问题，才能把自己从“黑榜”上摘下来。

不足100字的投诉信息公示就有如此威力，核心在于直接点名商家，实质是以政务信息共享促进信用监管：过去监管部门和消协组织公布的投诉信息以数据为主，很少点名企业，消费者和媒体无法获知到底哪些商家问题高发。此前，虽有个别第三方投诉平台，但权威性不足。而监管部门将掌握的投诉信息依法与社会共享，天然具备权威性。在这些官方版“差评”网站上，商家的违规行为被展示在广大消费者面前，让消费者充分知情、自主选择，有效支持

“良币战胜劣币”，同时为监管部门提供执法依据。政府监管加社会监督双管齐下，达到净化消费环境、提振消费信心的目的。

消费投诉公示制度要发挥最大效力，重在信息归集、开放共享。参考全国企业信用信息公示系统，未来有可能在各地自行公示的基础上形成“全国投诉一张网”，消费者只需登录一个网站就能查询全国市场主体的投诉信息。问题早一点发现，就能早一点解决；多一个人了解，就能少一个人“受伤”。

用好消费投诉公示制度，还要鼓励因地制宜使用信息。数年前，北京市某写字楼入驻了 32 家培训机构，虚假宣传、“跑路”退费投诉高发。后来，市场监管部门在大楼里设置电子显示屏，动态公示所有商家的投诉信息，消费者一进大门就能够“货比三家”。公示仅半年之后，投诉就基本清零。这表明，投诉信息不仅是监管部门的执法依据，也是电商平台、商圈物业监督商家的参考坐标，线上线下多方联动，可能有意想不到的效果。

消费投诉信息公示既是曝光台，也是助推器。公示不仅要保障消费者权益，还要体现优质商家的诚信红利。因此，应有合理机制保障投诉真实性，防止恶意投诉等不正当竞争手段扰乱市场秩序。大企业难免投诉多，但投诉多不一定代表产品和服务差，只要能主动回应、及时解决，同样可以上“红榜”。看来，“全国投诉一张网”，或许有助于防止这类风险。

（刊发于 2022 年 12 月 7 日时评版）

用好消费券　管住“黄牛党”

消费券又来了！随着各地疫情防控措施逐步优化细化，“抢开局、稳增长”成为当务之急。对外，多个省份包机出海抢订单；对内，多地再次大手笔发放消费券。据不完全统计，目前已有北京、广州、南京、绍兴、海南、新疆、深圳、武汉、福建、成都、宁夏等地宣布发放消费券，累计补贴金额超过 10 亿元。

按照此前经验，消费券撬动消费比例约为 1∶10，汽车消费券撬动比例更是超过 1∶50，算下来至少有超 100 亿元的消费需求将在近期释放，对市场而言可谓久旱逢甘霖。不过，消费券发放已有两年多，数额累计超百亿元，在极大提振消费信心、拉动消费增长的同时，有些问题也逐步浮现，需要相关方注意。

在商家端，比较典型的问题是消费者来了，但准备不到位。有的饭店服务员是新招的，还不熟悉情况；有的电影院长期未正常经营，卫生间坏了一半，清洁也跟不上；还有的餐厅换了厨子，吃起来不是之前那个味儿。出现这些问题可以理解，但商家需要尽快解决。要不然，好不容易“券”来了消费者，却留下了坏印象。

对消费者来说，最大的烦恼是抢不到券，不少人手机屏幕都快戳破了也抢不到。这并非个别现象，根据顶象发布的《城市消费券安全调研报告》，据不完全统计，此前发放的 190 多亿元的消费券，消费者只抢到 29%。

那么，消费券被谁抢走了呢？从目前了解的信息来看，有的被“黄牛党”抢走了，并通过二手交易平台和社交平台公开“转让”，比如满 700 元减 350 元的海南旅游券，喊价 70 元；满 3000 减 450 元的深圳龙华消费券，报价 150 元。

还有的消费券则被“羊毛党”抢走。他们利用虚拟定位等技术手段绕开地域限制，在全国范围内组团抢券。到手后，与当地商家共同套现分成。以满 300 元减 100 元的券为例，100 元补贴由“羊毛党”和商家瓜分，有时“羊毛党”分成比例甚至高达八成，利润可观。

目前，在搜索引擎中输入“消费券套现”等关键词，相关结果已超百万条，甚至有人短时间内套现上千次，骗取补贴款上百万元。“羊毛党”薅国家的羊毛，肥自己的腰包，造成消费者一券难求。地方财政支出了巨额补贴，政策效果却大打折扣。

解决这些问题，有必要进一步完善消费券发放的风控机制，杜绝薅羊毛、刷单、黄牛等违反市场秩序的行为，确保发券过程公平、透明、可回溯，提升用户与商家的参与体验。有的地方由商家先行垫付消费券优惠金额，待活动结束经由第三方审核无误后再将资金拨付给企业，有效减少了套现行为，可供借鉴。

还要提醒心存侥幸的商家，违规使用消费券看似好生意，实际涉嫌诈骗等违法犯罪行为，是需要承担法律后果的。能够参与消费券核销的商家应该算是比较优质的商家，本可以凭产品和服务吸引消费者、正常拿补贴，可若是选择了错误的方式骗补贴，揣到兜里的钱也烫手，迟早会被大数据抓到。

消费券主要通过电商平台、支付平台发放，平台相当于消费券的账房加管家。建议后续发放消费券的地区，一方面广而告之，既要让更多消费者知道去哪儿领券，还要劝阻其参与倒卖、套现；另一方面，应督促平台净化信息发布，并严格查处倒卖套现消费券的行为。多管齐下，把消费券还给真正需要它的消费者和商家。

（刊发于 2022 年 12 月 14 日时评版）

读懂市场的赞与罚

一家药企，多年来坚持以2元钱20片的价格销售退烧药扑热息痛；同样是这家企业，又因垄断被罚1.33亿元——近日，两条与东北制药相关的热搜在网络流传，赞美与处罚几乎同时出现，堪称药企版“红与黑”。

值得注意的是，网络讨论中，有些文章试图将反垄断处罚与低价售药联系起来，而这并不符合事实：东北制药被罚，是因为于2018年11月至2019年6月期间，滥用在中国左卡尼汀原料药市场的支配地位，实施了以不公平的高价销售左卡尼汀原料药的行为，违反了反垄断法。一码归一码，企业以良心价销售扑热息痛值得点赞，但违法高价销售左卡尼汀原料药确实该罚，两者不可混淆。

我国是全球最大的原料药生产国和出口国。原料药市场集中度高，往往是一家上游厂商供应上千家下游药企。公开资料显示，我国的成品药约有1500种原料药，其中50种原料药只有1家企业取得审批资格可以生产，44种原料药只有2家企业可以生产，40种原料药只有3家企业可以生产。

由于部分原料药和制剂市场需求刚性强、集中度较高、市场准入“门槛”高，垄断行为时有发生，但因为原料药不直面消费者，公众对这个领域的垄断行为及其危害了解不多。实际上，原料药领域的垄断行为往往比终端药店、经销商哄抬价格更加嚣张，危害性更隐蔽也更大。

以东北制药为例，此次处罚源头可追溯到2018年，有人在网络公开举报该药企作为当时唯一一家左卡尼汀原料药生产企业，涉嫌价格垄断，使得左卡尼汀原料药价格从700元/千克上涨到8000元/千克，使得下游厂家生产受限，甚至出现断货。这正是监管部门坚决出手的重要原因。

近几年，原料药领域的反垄断工作一直持续进行，于无声处守护并保障着亿万患者的用药需求。在2020年市场监管总局查处的葡萄糖酸钙原料药垄断案中，葡萄糖酸钙原料药价格一度畸高54倍。最终，市场监管总局依法对3家原料药经销企业实施垄断行为作出处罚，罚没合计3.255亿元。2021年，市场监管总局又对先声药业滥用市场支配地位行为罚款1.007亿元，对扬子江药业实施垄断协议行为开出7.64亿元的巨额罚单。

当时的媒体报道显示，处罚后，葡萄糖酸钙原料药销售价格由高峰期2184元/公斤降至200元/公斤，降幅达90%；葡萄糖酸钙注射液价格平均降幅达40%，预计每年节约国家医保支出超过10亿元；对扬子江药业垄断案作出处罚后，蓝芩口服液价格下降30%以上。一系列案件表明，患者能买到相对低价的药，不只靠企业的良心，也离不开监管部门重拳出击维护市场秩序。强化反垄断执法对保障我国医药市场健康发展、维护公平竞争市场秩序、增进民生福祉至关重要，有力维护了消费者利益和国家经济利益。

医药行业是特殊的民生行业，技术含量高、研发投入大，必须保证企业有一定利润才能继续“救死扶伤”，但也应避免企业片面追求利润，加大患者经济负担，二者的平衡考验人心和监管智慧。

传说古时某药房悬挂着一副对联："但愿世间人无病，何惜架上药生尘。"我们不要求现代药企都达到如此境界，只要能合法合规地挣钱并兼顾情怀，公众往往就不会吝惜赞美和认可。2 元钱的扑热息痛冲上热搜后，东北制药已经收获数个涨停板。这就是来自市场的声音，分分明明。

（刊发于 2022 年 12 月 21 日时评版）

公平竞争才能根治垄断

12 月 26 日，知网因垄断被罚 8760 万元的消息冲上热搜。市场监管总局公布的行政处罚决定书指出，2014 年以来，知网一是通过连续大幅提高服务价格、拆分数据库变相涨价等方式，实施了以不公平的高价销售其数据库服务的行为；二是通过签订独家合作协议等方式，限定学术期刊出版单位、高校不得向任何第三方授权使用学术期刊、博硕士学位论文等学术文献数据，并采取多种奖惩措施保障独家合作实施。这让不少用户花高价看自己的论文。

有人觉得几千万元的处罚不足以使企业“肉痛”。实际上，此次罚款已达知网 2021 年度在中国境内销售额 17.52 亿元的 5%，比例甚至高于此前阿里“二选一”被罚的 4%、美团“二选一”被罚的 3%，属从重处罚，可见知网垄断行为对市场秩序冲击之大。而且，重罚不是目的，整改才是重点。处罚的最大意义在于警示企业此路不通。正如处罚决定书所说，知网须围绕解除独家合作、减轻用户负担、加强内部合规管理等方面进行全面整改。

虽然此前屡遭质疑甚至起诉，但知网习惯回避问题，可这次躲不过了。处罚公布后，知网立即表态认罚，并公布了彻底整改与期刊、高校的独家合作、大幅降低数据库服务价格、保护作者合法权益等 15 项整改措施。

公开数据显示，知网在高校市场占有率为100%，90%以上的中国学术资源检索和全文下载来自知网，其文献收录总量超过2.8亿。从市场占有率和文献数量看，知网有巨大优势。监管部门须持续关注知网的整改落实情况，看它是不是真下手刮骨疗毒。

纠偏知网，除了责令其停止独家合作行为，不得限制学术期刊出版单位、高校等与其他竞争性平台开展学术资源合作，从根上入手，还须相应调整外部推手。比如，某些学校规定学生必须使用知网进行毕业论文开题、查重和评优，可考虑引入其他平台竞标；还有的单位需要知网的检索证明作为职称评审材料，也可以考虑引入更多平台。

还有人担心以知网的体量，就算每次查阅论文多收5角钱，很快就能挣够罚款，还能赚得更多，监管部门也不能强制干涉市场定价。解决这一问题，必须把知网拉回市场竞争的竞技场。这些年，知网滥用市场支配地位的行为阻碍了行业公平竞争，但大树底下依然长出了万方、维普、超星等竞争对手，有的还顶着压力从知网手中争得订单，说明哪怕在势头最盛之际，知网的护城河也并非牢不可破。如今随着反垄断处罚落地，知网“一家独大”的局面将被打破，学术文献网络数据库服务市场有望迎来公平、公开、有序竞争，其他企业将有机会签约更多作者，扩大版权数量，提供增值服务。在竞争中，作者的知识产权会得到更多尊重，服务价格随优胜劣汰动态调整，进而推动行业良性创新发展。说到底，处罚只能让知网“肉痛”一阵，公平竞争才是根治垄断的良药。

（刊发于2022年12月28日时评版）

监管和保障应跑在热搜前面

新年第一天，药品“蒙脱石散”空降热搜，在很多人还没搞清状况的时候，相关药物已迅速脱销。据媒体报道，有的药店前一天还有货，但热搜当天“突然来了几个大订单，一下子就卖完了”。

近段时间，从连花清瘟、布洛芬、血氧仪到辉瑞新冠药Paxlovid，商品脱销、价格暴涨背后几乎都有这样的轨迹：先是消息冲上热搜，同时药物被清仓式扫货，社会面出现断货焦虑；紧接着，群聊里、朋友圈开始出现一些“前段时间买多了愿意转让”的“好心人”。当然，转让价格不会是原价，有时，原价不到100元的血氧仪转让价要300元，几十元一瓶的布洛芬要3000元，最夸张的是药品Paxlovid，朋友圈有的转让报价已达几万元一盒。

盘点近期的新闻可以发现，疑似有“黄牛党”出没的热搜不在少数。好在这一次，相关部门对于蒙脱石散的回应非常及时。1月1日当天，卫生部门即发文指出，所谓的XBB毒株引起的腹泻并不严重，没有必要使用蒙脱石散。及时科普较好地安抚了人心，急于囤蒙脱石散的消费者正在逐步减少。

哄抬药品及重要民生物资价格性质恶劣。2020年、2022年，市场监管总局曾先后发布《关于新型冠状病毒感染肺炎疫情防控期间查处哄抬价格违法行为的指导意见》和《关于查处哄抬价格违法行为的指导意见》，其中明确“捏造、散布推动或者可能推动商品价格过快、过高上涨的其他信息的”，属于哄抬价格违法行为，是要负法律责任的。

为了让下一次可能的炒作也能尽快熄火，必须提早防范。分析炒作套路，与疫情相关的物资炒作大都以热搜带流量，以干扰正常销售渠道带销量。见招拆招，可从这两个方面入手：

作为舆情风向标，相关社交平台应密切关注热搜是否自然爬升，警惕和防范可能存在的干扰行为；对于购买渠道，监管部门可推动购药平台及药店调整销售策略，提倡按需购买。以常识推断，一个普通家庭不太可能在短期内需要那么多感冒药、退烧药、止泻药，以至于几个订单就能把药店库存买光。目前，多地已要求对布洛芬等药物实行按需购买，消费者凭有效证件能购买 1 人 1 个疗程的足量药物。各地也可以尽快推广这一经验，至少近期按照“限量、拆零、限价”的原则保供应、稳价格。

还要看到，权威信息不足、群众不明就里，才给黄牛党留下了哄抬价格的心理漏洞。防疫政策“换挡”后不可避免会有一个适应期。过去 3 年的疫情防控为我们争取了宝贵的窗口期，我们得以观察全球其他国家疫情的发展过程，不管奥密克戎、XBB 还是新上热搜的“脑雾”，我们均有可能提前研判有哪些毒株、可能导致什么问题、需要什么药品或物资。透明公开的科学信息就是我们当前急需的“心理疫苗”。如果能通过各种渠道提前向公众普及相关信息，将帮助他们完成心理防疫，提高对谣言的抵抗力。同时，应在科学指引下，将相关药品和物资纳入保供名单，提早安排生产、适度加大供应，并指导销售渠道落实“限量、拆零、限价”原则。此时此刻，监管和保障应跑在热搜前面，尽量避免让“羊过”跟黄牛赛跑。

（刊发于 2023 年 1 月 4 日时评版）

线上免税店退货有利促消费

在春节旅游消费旺季前，市场监管总局对中国中免、海南免税、中免日上、中出服免税、中侨免税、王府井、深圳免税、珠海免税、海旅免税、海控免税 10 家免税企业开展行政指导，要求他们严格履行网购 7 天无理由退货义务。目前，中免日上等企业已开始提供网购 7 天无理由退货服务。

按理说，能退货了，消费者应该“喜大普奔”。可奇怪的是，对线上免税店支持无理由退货，消费者却有不同反应：有的很开心，觉得可以放心冲，反正不合适可以退；有的却有点慌，主要是线上免税店的老客，担心退货产品进入市场进行二次销售，或者有人买真退假，导致自己买到退回的假货，甚至有人表示开放退货后自己就不敢买了。

消费者是不需要退货吗？当然不是。他们只是对开放退货后的购物环境有顾虑，对打击假货、保障消费者权益的力度不放心。这些表示“不希望退货”的消费者宁可主动舍弃退货权，来保障自己买到真货。如果监管部门和免税企业能配合工作，打击假冒商品、强化供应链管理，继续保持免税店“无假货”的招牌，相信没有哪个消费者愿意放弃退货权。

眼下正是促消费关键期，免税经济偏向中高端消费，且带动作用强，堪当大用。这就意味着，提升免税经济成色，促进社会消费复苏，不仅要监督免税店落实退货承诺，还要在生产、销售、售后等各个环节齐抓共管，全力营造安全、放心、诚信消费环境，让消费者不那么慌。

虽然部分消费者有顾虑，但从业务增长、市场竞争及合规经营等角度看，线上免税店必须坚定地打开退货大门、提升服务水平。

近两年，出入境游客业务量显著减少，免税店吃不饱，免税企业开放了境内购。在中免日上、CDF 会员购海南商城、CDF 会员购等小程序、APP 上，无须出入境手续，每一个中国网民都可以购买免税商品。这相当于免税企业把筷子从一口只款待出入境等特定人群的小锅，伸到了装着上亿居民网购消费的大锅里了。

由于免征数个重要税种，免税商品和普通商品往往差价颇大。比如很受消费者欢迎的雅诗兰黛小棕瓶，免税店小程序里，200ml 售价 1200 多元，而官方旗舰店 100ml 售价就超过 1800 元，这个差价简直让消费者无法拒绝。所以，去年 10 月即有研报指出，线上渠道稳步发展，有望成为中国免税运营长期增长极。

不过，锅大了，围着锅吃饭的人也多了，而且各个是高手。竞争对手们在售后、客服方面已下了多年功夫，不仅支持网购 7 天无理由退货，有的还提供退货包邮、极速退款等服务，消费者体验较好。更重要的是，跟某些平台相比，免税店的价格也不那么美丽了。比如同样是 200ml 小棕瓶，有的电商补贴之后只要 800 多元，如果拉两个朋友合买 3 瓶，更是低至 600 多元。相对于电商拼购，免税店的优势主要是可信度高。监管部门选在此时开展行政指导，正是注意到免税品网购“退货难”“退款难”等问题增多，督促免税行业将售后服务提升至电商行业平均水平，更好发挥质优价美优势，为促消费再添一把火。

马上就是春节假期，出入境游客数量猛增。出入境旅游放开后，中国的免税企业是在跟巴黎、东京等全球各地争夺游客消费。前有世界旅游目的地，后有电商追赶，免税店两头承压。通过开网店，曾经远在天边的免税店走进了大众生活，没有代购商挣差价，还促进了消费回流。下一步，把依法落实网购 7 天无理由退货的好事办好，消费者一定会捧场的。

（刊发于 2023 年 1 月 11 日时评版）

关注滴滴再出发的绿灯信号

1月16日，滴滴出行宣布经过全面整改，即日起恢复新用户注册。加上1月13日，央行公布蚂蚁集团等14家大型平台企业已基本完成整改，以及去年12月，腾讯至少获批了六款游戏版号。这三件事算得上平台经济整改过程中最受关注的进展，且均是市场期待的好消息。结合近日国务院常务会议提出支持平台经济健康持续发展，以及中央经济工作会议提出要大力发展数字经济，提升常态化监管水平，支持平台企业在引领发展、创造就业、国际竞争中大显身手，相信平台经济将迎来发展新阶段。

通过滴滴的刹车与重启，要准确认识到，当初监管介入是因为企业违反了法律法规；现在企业能重回市场是因为其在法律指导下，合规经营取得了重大进展，达到或基本达到相关法律要求。平台经济是我国民营经济的重要组成部分，与其他行业的民营经济一样，都在我国经济发展中不可或缺，犯了错，改正了，国家将继续鼓励其健康持续发展。

观察近两年的监管实践，适应平台经济不同发展阶段，国家正逐步完善相关法律法规，从审慎包容监管向常态化监管过渡，监管理念越来越体现出“法治”底色，强调依法依规。通过一系列公开、具体、明确的制度性文件，为市场主体提供稳定政策预期，便于其作出长期规划，避免误判、短视导致短期行为。用专家的话来说，常态化监管的内涵就是依法监管。

近几年，我国新修订或新出台了《中华人民共和国电子商务法》《中华人民共和国广告法》《中华人民共和国网络安全法》《中华人民共和国数据安全法》《中华人民共和国个人信息保护法》《中华人民共和国反垄断法》等法律。2021年，国家市场监管总局牵头制定的《互联网平台分类分级指南》以及《互联网平台落实主体责任指南》已公开征求意见。今后大概率还会有新法出台，但"以规范促发展"的原则不会动摇。对企业来说，有法可依是利好，有利于企业进行内部合规对比，减少突发经营风险；对监管来说，有法必依是要求，有利于消除市场对监管政策不确定性的担忧。二者结合，将为平台经济营造更稳定的政策预期，有利于行业健康持续发展。

中国平台经济处于全球第一方阵，为我国经济发展作出了突出贡献。有专家认为，作为发展数字经济的主力军，平台经济正进入与实体经济高度融合、价值共创、红利共享阶段。这也许是"滴滴们"开启新行程后应设定的新目的地。平台企业普遍体量很大，用户动辄上亿。但无论规模大小，企业本质仍是市场主体。对平台企业的规范应尊重市场规律，营造有利于包括平台企业在内的所有市场主体公平竞争的市场环境；平台企业也应遵循市场规律，在公平竞争中实现自身价值。滴滴完成整改后，随即恢复新用户注册，重新参与市场竞争，正体现了推进平台经济治理的市场化、法治化、国际化方针。这也是引导平台经济发展的"方向盘"。

滴滴重新出发了，相信市场和其他平台企业能从中增强信心，抓紧前行。

（刊发于2023年1月18日时评版）

消费者满意才是最高标准

今年春节，20元“6根面”火了西安回民街，1500元4个海鲜菜又火了广西北海。作为旅游城市，口碑就是生命。上述事件发生后，两地市场监管部门迅速介入，两家餐厅虽然都落实了明码标价，但均因存在其他问题被停业整顿。

从这两起处罚来看，监管部门的态度很明确：明码标价不是免责条款，消费者满意才是最高标准。当地用最严执法守护城市形象，换得游客口碑，不容忍一粒沙子的姿态有助于打消游客顾虑。

全国很多城市都在大力发展旅游业，网红景区就是城市名片。景区租金贵、价格高看似天经地义，但换个思路看，再火热的假期也只有短短几天，再大的景区也只是城市的一部分，景区商家不应定位做一锤子买卖的“快闪店”，而应该做宣传城市形象、传播商家品牌的“旗舰店”，提供有特色、性价比高的产品和服务。这样一来，每年成百上千万的游客都可能成为义务宣传员，把商家品牌和城市口碑传播到全国各地。重庆网红景点洪崖洞有家老火锅，常年推出百元左右双人餐，几万条消费者评价中“服务好”“口味赞”占了大多数。这家老火锅近几年在全国迅速扩张，应该是沾了口碑营销的光。

春节是消费旺季，渔船停渔、员工工资上涨等因素造成餐饮价格远高于平时。对此，游客通常有心理准备。文旅部统计显示，春节假期全国国内旅游出游人次恢复至 2019 年同期的 88.6%，国内旅游收入却仅恢复至 2019 年同期的 73.1%。换句话说，人们愿意出门了，但却不大舍得花钱，旅游市场或有“穷游’趋势。结合 2022 年居民消费支出中食品、药品等必需品支出增幅较高，以及金融机构存款余额同比增速高企，说明居民预防性储蓄上升，改善型消费在收缩。

不同来源的数据共同提示包括旅游市场在内的消费市场，今年价格敏感型消费者预计增多，更多人可能倾向于花小钱办大事，对体验落差的包容度降低。这两天又爆出 50 元一份豆花太贵、58 元的烩菜里没有肉、3 只螃蟹 880 元等，也从侧面说明了这一趋势。适应变化，商家除了落实明码标价，可能还要抓紧调整经营策略，推出低单价产品；监管部门要继续推动完善行业标准、规范市场秩序、做好公示提醒。平时补短板，旺季才不会手忙脚乱。

还要看到，当前旅游正从逛景点向休闲游转变，城市自驾游、深度体验游日益流行。这意味着一年四季，一座城市的每家餐馆、每个商店，甚至每个人都是城市“代言人”，任何一个环节给消费者留下的坏印象都可能在互联网平台上放大。口碑如镜，时时擦拭，才能呈现一座城市的美好形象。否则，等到旅游旺季抓几个重点景区，可能就来不及了。

（刊发于 2023 年 2 月 1 日时评版）

告别“狂飙”迎来更好发展机会

电视剧《狂飙》火了。鱼摊贩高启强的堕落史，某种程度上反映了 20 多年前营商环境不够规范、个体户生存状况不够理想的大环境。如果青年高启强穿越到 2023 年开始创业，那么他的人生定大不一样。

如今，只要一部智能手机，就能展示成千上万的网店，有的在外卖平台接单外卖，有的通过电商平台销售自家卤味，还有的在直播间展示鲜鱼出水的场景，消费者隔着屏幕下单，单品月销过万不是难事。中国平台经济的迅速发展，让原本只能服务周边的个体户有机会跳出经营场所的地域限制，能否续约一个卖鱼的档口已经不是生意的关键。只要肯干，互联网可以把他们的劳动成果输送到 14 亿消费者面前。

现在的个体户不仅“业务”范围更广，而且不用走歪门邪道，只要本分经营、勤劳肯干，就可能实现人生价值，福泽子孙后代。

《狂飙》故事开端于2000年。当年，我国约有 2571 万户个体户；2022 年底，这个数字已增至超过 1.1 亿户，是我国 1.69 亿户市场主体的绝对主力。20 多年前，淘宝还未成立，京东还在中关村，当时全球最大的电商平台 eBay、亚马逊都还没有进入中国，电商对于中国商业社会来讲完全是新事物。20 多年后，网络直播、微商电商、新媒体等新个体经济发展迅速，已占个体工商户总量的近三成。如果高启强 2023 年开始创业，那么他没准可以免费注册一个账号，通过网店或直播间卖鱼，生意可能比鱼摊还好。

眼下已经立春，经济回暖的气息就像萌动的春意。春，只要这么一立起来，就等于大张旗鼓地开了一场誓师动员会：用不了几天，山就会慢慢绿起来，水就会慢慢暖起来，花就会慢慢开起来，一系列与春相关的好事就会接踵而至。这也是当前市场主体的心态——在期盼中蓄力，在等待中畅想。

在等待与期盼中，能成长为商业巨头的毕竟是少数，更多个体户只盼着挣钱养家。个体户规模小，抗风险能力弱，受经济波动影响大，相关部门有必要制定针对性措施，避免用“帮扶小微企业”一笔带过。近期，有地方出台政策，允许临时占道摆摊、流动商贩贩卖经营……这样实打实的政策可再多一些。随着我国营商环境不断优化，市场秩序不断完善，“狂飙”时代不会再有，也不应该有。伴随中国的繁荣发展，个体户将获得更多更好的发展机会，分享中国经济成长的幸福。平日里忙忙碌碌，只要年夜能阖家团圆，在欢声笑语中一边吃饺子一边举杯相庆，这就是平凡人生的幸福生活，也是市场主体的安心和欣慰，安全和安心成为庸常生活的岁月静好。

（刊发于 2023 年 2 月 8 日时评版）

避免外卖优惠成浪费隐患

有 8 亿用户的抖音开始送外卖了，用户超过 12 亿的微信也传出开放外卖接口的消息。有网友评论“新一轮外卖大战一触即发”，还有网友开始幻想“1 元钱吃外卖”的好日子。

想象中的价格战可能不会发生。作为新来者，抖音外卖端出了“超值团购”这盘大菜，与美团、饿了么等原有玩家形成差异化竞争。从商家们目前上线的商品来看，抖音外卖套餐价格基本在 100 元以上，但普遍低于美团到店套餐，或者持平。优惠吸引了大量主播带货抖音外卖。

需要注意的是，有的平台外卖主打团购的特点可能会成为餐饮浪费的隐患。由于都是商家事先搭配的套餐，固定的几样菜品中难免有消费者不喜欢的，但想着反正有优惠，吃不了扔了也不心疼。还有商家按照堂食习惯搭配外卖套餐，忽略了绿叶菜或甜品等菜品在配送中容易损失口感和卖相、消费者到手后可能就不想吃的情况。美团、饿了么外卖以单点为主，起送价一般 20 元，吃什么丰俭由人、口味自选。同时，平台近几年还响应光盘行动号召，推出了“小份菜”“单人餐”等产品，浪费余地相对较小。

抖音流量转化的购买力相当可观，已有店家短时间卖出了 7000 多份外卖套餐。假如一份套餐只浪费一个菜，都可能造成规模较大的餐饮浪费。优惠不能成为浪费的借口。建议平台和商家密切关注消费者反馈，根据点餐人数、特点、口味等设置不同套餐，更好满足消费者个性化、差异化需求。

从网友“坐等优惠”等呼声中，不难读出消费者渴望改善外卖服务体验之迫切。百度退出后，外卖已从“三国杀”变成了美团、饿了么的“二人转”，从质量、服务到佣金等方面，消费者、商家、外卖员乃至平台都认为有提升空间。作为消费者，我们愿意见到外卖市场多几条新“鲇鱼”，让自己花更少的钱吃得更好。新平台佣金抽成更低，商家也有积极性，短视频和直播还可能创新消费场景，进一步助推餐饮消费回暖。随着外卖配送增量带动用工需求，“抢人”大战有可能推动改善外卖员现有的工作环境、收入、保障等。业内预计，2025 年外卖用户人数或将达到 6.62 亿人，比 2021 年增加约 1.2 亿人，市场存量和增量足够大，多一些竞争者也许会推动行业产生积极变化。外卖行业发展至今不过 10 多年时间，再过 10 年，没准儿会是现在想象不到的另一番场景。

在这个春暖花开的时节，平台企业不约而同拓展新业务，反映出中国经济活力正在“龙抬头”。期待抖音、微信送外卖只是开端，未来更多企业能够积极开拓，继续挖掘经济生活中值得深耕的领域。对监管部门来说，目前应持续营造公平竞争的市场环境，避免企业过度补贴引发恶性竞争、转移成本增加商家负担，或者在激烈竞争中放松食品安全要求。剩下的，就交给市场之手，让“鲇鱼”们自己去闯吧。

（刊发于 2023 年 2 月 22 日时评版）

“土豆刺客”的锅不能甩给“小份菜”

因为18元5片土豆的事情，某火锅品牌连上了好几天热搜。虽然企业多次回应，称实际上是小份土豆、9元5片，而且不是普通土豆，是富硒土豆，但也没能平息争议。网友们算了一下，小份土豆120克卖9元，折合1斤约37.5元，在土豆堆儿里依然是“天价”。

天价土豆到底贵不贵，这本不该成为争议话题。拿菜市场土豆的价格去比火锅店未必客观。品牌定价是市场行为，该品牌火锅人均消费一直不算便宜，光锅底就要八九十元，但一直有不少“粉丝”和目标消费者能接受，定价就有它的合理性。市面上也有火锅店提供100多元的双人餐，说明各有各的客户群体。

但这次企业面临的问题是，当品牌逐步扩张，不可避免地会遇到此前并不了解自己、对价格又比较敏感的消费者。而且，加上品牌近年来突出“高端化”定位，给原有客群留下了“减量又加价”的印象。如果品牌传播的故事讲得不够透彻、明码标价的工作做得不够到位，就容易引发消费者产生“土豆刺客”的质疑。对于很多从一线城市起家、有意往下沉市场渗透的新兴品牌来说，这是个绕不开的课题。

该企业在回应中称，土豆不仅包含了产品本身的价值，也包含了环境价值、服务价值以及全供应链价值，言下之意贵有贵的道理。

遗憾的是，众多消费者不认可这一回应，恰恰说明品牌试图赋予产品的各种价值还没能得到广泛认可，消费者不买账。试想，如果店面环境、服务够档次，消费者会不会觉得在这样的店里吃 9 元钱 5 片土豆已经很值？又或者，企业在回应中详细描述富硒土豆的研发多么不易，营养多么丰富，种植环境多么纯天然，会不会更有说服力？只要提供的信息真实客观，讲故事也是用另一种方式保障消费者知情权。怎么把故事讲得入耳入心，值得新兴品牌思考。

企业只澄清是“小份菜”，暂时不考虑降价，说明对产品定位和定价有信心。这引出另一个问题——明码标价是否标得够明白。从目前的信息来看，企业只是按大份、小份标价，并未标明克数等信息。消费者点餐时并不清楚小份到底有多小，看到实物才容易产生心理落差。当然，不少餐厅都存在这种情况。今年春节期间多地爆出天价菜品的新闻，某种程度上也是由于没有标明分量造成的。

应当明确，按份标价是合规的。去年 7 月实施的《明码标价和禁止价格欺诈规定》（以下简称《规定》）明确，经营者销售商品应当标示商品的品名、价格和计价单位。但《规定》也提醒，经营者可以根据实际经营情况，自行增加标示与价格有关的质地、服务标准、结算方法等其他信息。现在已有餐厅在菜单上标明食材重量、特点、味型等信息，可减少争议。知名餐饮品牌也应在明码标价上作表率。

多次回应反而激起争议，说明企业经营者误读了“小份菜”。“小份菜”是响应光盘行动推出的有益尝试，是防止餐饮浪费的有效手段，不应成为卖高价的理由。近期，市场监管总局决定在全国开展为期 3 个月的制止餐饮浪费专项行动，提出要积极推广“小份菜”“半份菜”“网络点餐明示食品重量”等做法。“小份菜”还能创造新卖点。有餐厅推出每样菜量很小的九宫格，让消费者用更少的钱品尝到更多菜品，不失为打开“小份菜”的新鲜方式。总之，“土豆刺客”的锅不能甩给“小份菜”，品牌有必要时时鞭策自己，努力提供物有所值的产品。

（刊发于 2023 年 3 月 1 日时评版）

主播挨罚能否刹住“虚假砍价”

近日当某电商平台宣布，对超过5000名存在“砍价”“加赠”等虚假价格优惠行为的电商作者进行处罚时，有的“粉丝”还有点不理解——至于吗？

真不是小题大做。直播间可以拼演技，现在有不少知名主播以精心设计的情景剧带货。但“演戏”式砍价不同于“情景剧”式带货，二者最大的区别在于提供的信息是否真实。

“演戏”式砍价主要为了虚构低价印象，让消费者产生捡漏错觉。通常来说，知名品牌价格相对透明，且价格体系管控严格，“演戏”式砍价主要用于大众不熟悉的杂牌产品。这些产品是直播间冲高订单数的秘密武器，能帮非一线主播刷出人气值和营业额。但苦于产品本身没什么竞争力，只能靠极低的价格吸引人。主播为了把冷门商品卖出去，才设计出一波三折的砍价场景，虚构价格优惠。

“演戏”式砍价的本质是虚构价格等信息，涉嫌违反价格法、广告法、电商法、明码标价规定等多项法律法规，是监管部门明令禁止的违法行为。在虚假信息诱导下，经常有消费者冲动下单。可是，如果卖货时说的话是假的，又怎么能保证卖的货是真的呢？从消费者反馈来看，“演戏”式砍价推销的产品更容易出现假冒伪劣等问题，严重影响消费体验、扰乱市场秩序及平台公平竞争环境。

此次处罚5000多名主播，给市场敲了一记警钟。涉事主播受到的处罚主要是“扣除信用分和冻结佣金”。近期多家餐厅因为明码标价做得不到位被投诉，监管部门介入后，餐厅大多赔偿或退款了。对比来看，平台对主播的处罚不算轻，但也谈不上重。主播挨罚能否刹住“演戏”式砍价，效果有待观察。根据我国法律，被“演戏”忽悠的消费者可要求主播提供“退一赔三”“退一赔十”等赔偿，平台有责任协助办理或者提供“不退货仅退款”等保障措施。

当前电商行业正从“有货卖”过渡到“卖好货”阶段，优质、专业、差异化的内容才是电商行业的活广告、金招牌。“演戏”式砍价无助于培育健康业态，反而会拖累商家和平台的口碑。平台为主播提供开展经营活动的场所，且从主播带货活动中受益，不仅对主播负有监管责任，也有必要加强平台治理，提升经营合规性，优化消费者体验。

实践证明，成功的头部主播大多具备真实、可信、专业、吸引力强等特点。直播电商行业应建立长效机制，从持续打击恶意违规行为、帮商家做好合规管理、引导主播创作优质内容等方面入手，一方面避免商家因不懂法导致踩线，另一方面大力宣传已经涌现出的好苗子，发掘优质内容新商家，并以流量扶持等倾斜政策，鼓励其他商家向他们学习。不管是情景剧式带货，还是讲解式带货，合规应是主播与“粉丝”互动的第一原则。

（刊发于2023年3月8日时评版）

与其担心“3·15”不如抓好“365”

一到“3·15”，不少企业又开始紧张起来。之所以紧张，是因为大家都知道，监管部门和媒体将集中曝光一批企业，加上市场监管部门长期与“3·15”联动执法，有些企业产生了习惯性紧张，生怕“石头”会砸到自己。

其实，盘点近几年对企业冲击最大的消费舆情，绝大多数不是“3·15”这一天爆发的。中国消费者协会发布的2021年十大年度消费维权舆情热点中，从“车顶维权”事件、视频平台“超前点播”到奢侈品牌中外退货政策“双标”，都不是爆发于“3·15”。2022年，“价格刺客”“科技与狠活”“菜刀不能拍蒜”等10大事件跟其也没有直接关系。这些舆情反倒与互联网密切相关：最初的爆料大多来自社交媒体，甚至是企业自己的直播间。在互联网影响下，消费领域舆情呈现出较大的差异特征。

小事放大化。有时，很小的一件事情就会引发一场危机，谁能想到9元钱5片土豆也能上热搜呢？网络对负面新闻的反应更为情绪化，试图讲道理的企业还没搞懂情况就激起了众怒。

影响长尾化。2019年，某网红雪糕曾两次因发布虚假广告被分别处罚0.6万元和0.3万元。由于事情不大，罚款数额不高，名气也不够响，未引起舆论关注。但2021年，这两条行政处罚被网友们翻出来了，还据此质疑其出售66元一块的雪糕值不值，让这个网红品牌遭遇了成立后最大的一次危机。

责任传导化。危机形成后，受影响最大的可能是之前完全没有想到的企业。就像近期有婴幼儿护肤品牌因为虚假广告受罚，上热搜的却是曾为其带货的网红主播。流量经济下，最有名的商家往往最善用流量，危机袭来时也会承担最多冲击。

危机常态化。以前企业只需盯着“3・15”等固定节点，盯住监管部门和主要媒体；现在，人人有手机，各个带话题，不知道哪篇“小作文”、哪条小视频就能引起轩然大波。

说一千道一万，这些都反复提醒人们：企业从诞生之日起，就需时刻警醒，本分经营，不能有一点侥幸心理。

消费舆情的种子是在企业生产经营过程中酝酿的。企业不能只关心“3・15”这一天。防患于未然才是应对危机的最佳选择，才是尊重消费者的应有态度。与其担心“3・15”，不如抓好“365”。

（刊发于2023年3月15日时评版）

后 记

“市场监管”专栏写了100多期了，我的心里依然很忐忑。我希望专栏能紧跟市场热点，又体现中央媒体站位。真正动笔，我才发现，这是一场思维能力、知识储备和表达创新的全方位挑战，我只能不断尝试、多数平凡。有些专栏文章偶然成功，还能建立一点个人风格，要衷心感谢经济日报这个包容的大平台，感谢庆东社长和编委会给我这么大的尝试空间。

在新一届编委会力推的12个专栏中，因为话题大多来自社会热点，“市场监管”专栏可能是与新媒体传播关系最紧密的。所以在写作过程中，我深度经历了经济日报新媒体从蓄势到奔跑的全过程。最早搞不懂10万+，只用了一两年，千万级别的播放量、上亿的传播量都不再稀奇……“评论立报”战略立起来的不仅是经济日报作为中央党报的影响力，还有经济日报在全媒体时代的生命力。

不管媒体呈现形式如何变化，是报纸、微博、短视频或者什么别的，其内核都是对好内容的渴求，尤其是具有穿透性、影响力的观点，总能直击人心。我读“任仲平”文章的写作经验，说他们写好初稿后，会问自己三个问题：这样的文章结构有哪些问题？还有哪些因素没有考虑进去？有什么方法比现在更有表现力？我尝试这样要求自己，有时紧张到交稿当天早上另起炉灶，重写一大半稿子；提心吊胆交上去的稿子，还经常被领导改成大花脸。

现在看来，虽然有领导和同事们帮我精心打磨，我的文章还很青涩稚嫩；把它们汇集成书，是对我的鼓励和鞭策，更是审视和提醒。写文章需下苦功夫，精心打磨，才有可能出精品。即使能力有限，出不了精品，至少得是个自己看了不脸红的作品。

专栏虽受作者个人风格影响，但说到底，是传递经济日报的声音，依托经济日报的影响力。置身于融媒体时代，我们这一代党报记者肩负着更光荣的使命；在中央媒体开设个人署名专栏，我有幸获得了很多媒体人做梦都不敢想的舞台。这是一份莫大的荣誉，更是沉甸甸的责任。我将践行“四力”，守正创新，为推动中国经济高质量发展、讲好新时代中国经济发展故事作出新的更大贡献。